Monika Thut Birchmeier

# Schatzkiste

## für die Weihnachtszeit

TVZ

Monika Thut Birchmeier

# Schatzkiste
## für die Weihnachtszeit

### Mit Kindern spielen, feiern, kreativ sein

TVZ
Theologischer Verlag Zürich

Publiziert mit freundlicher Unterstützung der Reformierten Landeskirche Aargau.

Der Theologische Verlag Zürich wird vom Bundesamt für Kultur mit einem Strukturbeitrag für die Jahre 2019–2020 unterstützt.

Bibliografische Information der Deutschen Nationalbibliothek
Die Deutsche Nationalbibliothek verzeichnet diese Publikation in der Deutschen Nationalbibliografie; detaillierte bibliografische Daten sind im Internet über http://dnb.dnb.de abrufbar.

Umschlaggestaltung
Tanja Lendzian
Unter Verwendung des Bilds von Lia, 5 Jahre

Layout und Satz
Tanja Lendzian

Druck
AZ Druck und Datentechnik GmbH, Kempten

ISBN 978-3-290-18337-0 (Print)
ISBN 978-3-290-18360-8 (E-Book: PDF)

# Inhalt

Robin, 7 Jahre

# Liebe Eltern, Grosseltern, Paten, Tanten und Onkel
# Liebe Erwachsene in der Begleitung von Kindern

An welche Bilder, Stimmungen, Düfte und Klänge erinnern Sie sich, wenn Sie an Advent und Weihnachten denken? Was davon möchten Sie Ihren Kindern oder den Kindern, mit denen Sie unterwegs sind, weitergeben? Was nicht?

Vielleicht gehören Sie zu jenen Menschen, die sich von Traditionen und Feiertagen gern inspirieren lassen. Vielleicht suchen Sie neue Rituale, die Ihrem Leben und Familienleben Tiefe verleihen. Vielleicht sehnen Sie sich nach einer Festzeitgestaltung jenseits von Kommerz und Konsum. Aus solchen Anliegen heraus wurde dieses Buch verfasst.

Wie kaum eine andere Festzeit im Jahreskreis bietet die Advents- und Weihnachtszeit Menschen jeden Alters und in allen Lebenslagen Leitmotive für die eigene Persönlichkeitsbildung, Sinnfindung und Lebensgestaltung an. Dieses Handbuch will Menschen, die mit Kindern unterwegs sind, darin unterstützen, die Leitmotive in der biblischen Weihnachtsgeschichte aufzuspüren und deren Reichtümer kindgerecht, zeitgemäss und mit allen Sinnen zur Entfaltung zu bringen. Dabei sind diese Reichtümer nicht nur jenen Menschen vorbehalten, die sich traditionell im Christentum verwurzelt fühlen. Die Weihnachtsgeschichte birgt Schätze für Menschen unterschiedlicher Lebensphilosophien.

Auf den folgenden Seiten finden sich sowohl informelle Grundlagen wie auch praktische Impulse zur Gestaltung der Advents- und Weihnachtszeit mit Kleinkindern und Kindern bis etwa zum Übertritt in die Oberstufe. Das Buch beinhaltet allerdings keinerlei Rezepte zum Backen und keine expliziten Bastelideen – davon gibt es genügend gute Angebote auf dem Markt. Die Impulse folgen konsequent der ursprünglichen Weihnachtsbotschaft und beabsichtigen, deren Kern auf erzählerische, rituelle und gestalterische Weise zum Leuchten zu bringen. Die informellen Grundlagen sind für Sie als Erwachsene verfasst. Die praktischen Anregungen haben die Form von Bausteinen, die aufeinander aufgebaut oder nebeneinandergestellt werden können, sodass sich Geschwister und Kinder verschiedenen Alters mit Kopf, Herz und Hand angesprochen fühlen.

Bei der Ausgestaltung dieser Schatzkiste für die Weihnachtszeit haben mich viele Menschen unterstützt: Tanja Lendzian ist für das passende Layout verantwortlich. Kinder aus meinem Bekannten- und Verwandtenkreis haben die berührenden Bilder gemalt. Eine gute Nachbarin und selbst Mutter gab mir hilfreiche Feedbacks zum Text. Die Reformierte Landeskirche Aargau unterstützt das Buch auf finanzielle und ideelle Art. Dieter Wagner sorgte für die einheitliche Darstellung der Lieder. Vom Theologischen Verlag Zürich, insbesondere von der Verlagsleiterin Lisa Briner und der Lektorin Corinne Auf der Maur, fühlte ich mich sorgfältig und zielführend begleitet. Ein grosses Dankeschön für all diese wertvollen Beiträge!

Gewidmet ist das Buch meinen drei Kindern, Joris, Luis und Vera, die zu dessen Erscheinungstermin alle just aus dem angesprochenen Alter herausgewachsen sind. Sie trugen für einige Gestaltungsanregungen – meist unbewusst – die Rolle der Versuchskaninchen und gaben mir je auf ihre Weise sehr eindeutige, verbale und nonverbale, aber in jedem Fall weiterführende Rückmeldungen dazu.

Allen schatzsuchenden Männern, Frauen und Kindern wünsche ich von Herzen eine bereichernde Advents- und Weihnachtszeit!

Am Dreikönigstag 2020, Monika Thut Birchmeier

« An welche Bilder, Stimmungen, Düfte und Klänge erinnern Sie sich, wenn Sie an Advent und Weihnachten denken? »

## Symbol-Legende

Als Orientierungshilfe beim Stöbern in der Schatzkiste finden Sie auf den folgenden Seiten immer wieder kleine Symbole:

Die mit einer Krone gekennzeichneten Abschnitte erschliessen Ihnen die besonders wertvollen Aspekte eines Themas für die Begleitung von Kindern. Diesen Textpassagen voran geht meist ein Abschnitt mit informellen Grundlagen und Hintergrundinfos zum jeweiligen Thema. Der Stern kennzeichnet konkrete Praxisanregungen. Die Klammer verweist auf themenverwandte Seiten in diesem Buch, und hinter dem Buchsymbol finden Sie weiterführende Medientipps.

Melina, 9 Jahre

# Mit Kindern die Weihnachtszeit entdecken

## Schätze ausfindig machen

Als Mutter, Vater oder andere Bezugsperson ein Kind auf seinem Lebensweg nach bestem Wissen und Gewissen liebevoll zu begleiten, gleicht einer intensiven Suche nach wertvollen Schätzen. Alle besonders bedeutungsvollen Erfahrungen, die sich bei dieser Suche gemeinsam mit einem Kind entdecken lassen, erschliessen über die alltäglichen und vordergründigen Erfahrungen hinaus wichtige Quellen des Muts, der Lebenskraft, der Freude und der Liebe. Solche bedeutungsvollen Erfahrungen können als Mehrwerte im Alltag verstanden werden.

Im Alltag der Advents- und Weihnachtszeit machen Kinder besonders viele vordergründige Erfahrungen. Allen voran die Aussicht auf tolle Geschenke in Adventskalender, Sankt-Nikolaus-Säcklein und unter dem Weihnachtsbaum. Die Verführung durch Süssigkeiten in Form von Weihnachtsgebäck und Schokolade in allen Variationen. Nicht zuletzt die Faszination für elektrische Lichtkörper in Form von Rentieren und blinkenden Girlanden. Schokolade-, Spielzeug- und weitere entsprechende Produzenten machen sich diese kindlichen Aussichten zu Nutzen. Schokoladegenuss beispielsweise wird als das «höchste aller Gefühle» präsentiert, das ohne das nötige Kleingeld natürlich nicht zu erlangen ist. Viele vordergründigen Erfahrungen von Kindern in der Weihnachtszeit sind eng verbunden mit materiellen Mitteln. Es sind kaufbare Produkte, die scheinbar wertvolle Erfahrungen möglich machen sollen.

Wenn sich für ein Kind das Geschenk eines Schokolade-Engels nun allerdings über den kurzzeitigen Gaumen-Genuss hinaus ganzheitlich mit wichtigen Grunderfahrungen seines Lebens zu verbinden vermag, dann kommt der genannte Mehrwert ins Spiel. Wenn erwachsene Begleitpersonen es verstehen, den Schokolade-Engel mit einer hilfreichen Lebenshaltung in Verbindung zu bringen, dann fördert die Weihnachtszeit ihr ganzes Potenzial zutage. In diesem Fall beispielsweise die Entwicklung einer Haltung der Dankbarkeit für besonders «süsse» Gaben dieser Erde. Ein tiefes Empfinden von Dankbarkeit lässt die Ansprüche von Menschen kleiner werden und macht Platz für mehr Zufriedenheit im Herzen. Vermeintlich Selbstverständliches wird zu Verdankenswertem. «Das höchste aller Gefühle» verlagert sich nachhaltig vom Gaumen ins Herz.

In diesem Sinn von Mehrwerten sind die Ausführungen auf den folgenden Seiten zu verstehen. Sämtliche Anregungen zur weihnächtlichen Begleitung von Kindern folgen dieser Absicht, Kindern den Zugang zu Mehrwerten zu eröffnen und mit ihnen in der Schatzkiste für die Weihnachtszeit zu stöbern.

« Als Mutter, Vater oder andere Bezugsperson ein Kind auf seinem Lebensweg nach bestem Wissen und Gewissen liebevoll zu begleiten, gleicht einer intensiven Suche nach wertvollen Schätzen. »

## 2000 Jahre faszinierende Weihnachtszeit

Weit über den Globus verteilt ist es die biblische Weihnachtsgeschichte, die im Zentrum des winterlichen Jahresfests steht. Sie gibt die Motive der Backwaren und Grusskarten sowie die Worte der Lieder und Gedichte vor.

Zwischen der Abfassung dieser biblischen Weihnachtsgeschichte und dem heutigen Tag liegen rund 2000 Jahre Welt- und Menschheitsgeschichte. Der Zeit der Römer, Helvetier und Germanen folgte die Zeit der Klöster, Ritter und Königshäuser, die Zeit der Aufklärung und Revolutionen, die Zeit der Weltkriege, der Moderne, der Individualisierung und Digitalisierung. Die Weihnachtsgeschichte gelangte dank der im 4. Jahrhundert allmählich erstarkten Kirche nach und nach aus einem antiken jüdisch-palästinisch-römischen Kulturraum unter anderem in die heutige Schweiz und ihre Umgebung, wo sich eben diese Kirche aktuell bereits schon wieder in ihrer gesellschaftlichen Relevanz bedroht sieht. Auf diesem langen Weg unterzogen sich viele Vorstellungen, Traditionen und Bräuche, die mit der biblischen Weihnachtsgeschichte im Zusammenhang stehen, einer grossen Veränderung. Es verwundert daher nicht, dass die Geschichte nebst einer grossen Faszination auch viele Fragen aufwirft:

Was hat das Jesuskind mit dem Weihnachtsbaum zu tun? Wer ist denn nun der Vater dieses Kindleins? Kann der Stern von Betlehem astronomisch nachgewiesen werden? Was ist ein Messias? Ist diese Geschichte für Kinder geeignet? Ist sie denn überhaupt wahr?

Um das Bedeutsame der biblischen Advents- und Weihnachtsgeschichte aufspüren zu können, ist die Kenntnis und das Verstehen der damaligen politischen und gesellschaftlichen Situation in Palästina, wo sie entstanden ist, nicht unwesentlich. Die Familie Jesu gehörte in diesem römisch regierten Land zur jüdischen Bevölkerungsgruppe. Jener begegneten die anderen Völker des orientalischen Raums aufgrund ihrer besonderen religiösen Vorstellungen und Gebräuche schon immer mit einer gewissen Befremdung. Als Angehörige einer Religionsgemeinschaft, die sich lediglich an einem einzigen Gott orientierte, hatten die Juden im götterreichen Orient von Anfang an mit grosser Anfechtung zu kämpfen. Als Angehörige eines kleinen, geschichtlich gebeutelten Volkes kämpften sie täglich mit ihrer Situation der Unterdrückung und mit bitterer Armut. Zur Zeit Jesu waren sie geprägt durch die Herrschaft der Römer. Dieses Wissen hilft nachzuvollziehen, wie stark insbesondere für Jüdinnen und Juden das Bedürfnis nach einer baldigen Erlösung war. Das jüdische Volk sehnte sich nach einem eigenen König, der ihm endlich Frieden, Wohlstand und Rechte bringen würde. Dieser ideologische Retter trug – gemäss den biblischen Aussagen – die Züge des grossen Königs David, der solches ca. 1000 v. Chr. in seinem judäischen Grossreich realisieren konnte. Die Geburtslegenden Jesu verweisen deshalb mancherorts auf die Geschichten rund um König David und die Propheten seiner Zeit, von denen im Alten Testament berichtet wird.

Mit der Figur des von Gott zum König gesalbten David aus Betlehem steht denn auch die sogenannte Messiastradition im Zusammenhang. Das hebräische «Messias» bedeutet «der Gesalbte Gottes» und wird für die Gestalt des Erlösers und Retters gebraucht. Besonders im Buch des Propheten Jesaja, aber auch in anderen Texten des Alten Testaments, wird von diesem kommenden Messias erzählt. Diejenigen Jüdinnen und Juden in römischer Zeit, die gemeinsam mit vielen nichtjüdischen Zeitgenossen in Jesus ihren Erlöser erkannten, wurden nach Jesu Tod zu Christen. «Christos» ist das entsprechende Wort für «der Gesalbte» in griechischer Sprache. Das konsequente Einstehen für Menschenfreundlichkeit und die überzeugende Wundertätigkeit des Juden Jesus von Nazaret weckte in vielen Menschen den Glauben daran, dass mit ihm dieser Retter nun endlich gekommen sei. In den Geburtslegenden drückt sich dieser Glaube unmittelbar aus. Die biblische Weihnachtsgeschichte erzählt legendenhaft von den Geschehnissen rund um die Geburt des lange ersehnten Friedenskönigs Jesus, der diejenigen aus ihrer Not erretten kann, die an ihn als den Christus glauben.

## Das Winterfest in der Schweiz und ihrer Umgebung

Schon lange vor der Christianisierung der heutigen Schweiz, die ab ca. 500 n. Chr. begann, feierten Helvetier, weitere keltische Völker und Germanen an der Wintersonnwende, heute am 21./22. Dezember, das Geburts- bzw. Wiedergeburtsfest ihres Licht- und Sonnengottes. Dieser sorgte nun wieder für längere Tage und damit für das einsetzende Fruchtbarwerden der Natur.

Auf dieses alte Sonnwendfest geht wohl der Brauch des Weihnachtsbaums zurück, der als reichlich geschmückter und immergrüner Baum auch im kargen Winter ein Stück Fruchtbarkeit, Licht und Hoffnung symbolisierte. Die Römer, die sich von Süden her seit Beginn unserer Zeitrechnung unter die helvetische Bevölkerung mischten, feierten am 25. Dezember ihren «Sol invictus». Sie verehrten an diesem Tag die fürs Licht zuständige Sonne als unbesiegbaren Gott.

Dass die im römischen Reich erstarkte christliche Kirche das Geburtsfest Jesu auf diesen Termin legte, ist naheliegend. Ist doch auch Jesus, metaphorisch gesehen, ein Lichtbringer in der Dunkelheit. Die Adventszeit gesellte sich so als die Zeit des Wartens auf die Ankunft dieses Lichtbringers zum kirchlichen Weihnachtsfest. Das lateinische Wort *adventus* bedeutet «Ankunft».

Im bäuerlichen Leben der Menschen bis ins 19. Jahrhundert war indessen jeder Festtag automatisch mit einer vorhergehenden Fastenzeit verbunden. Wurde nicht für eine gewisse Zeitdauer auf bestimmte Nahrungsmittel verzichtet, so reichten diese nicht für das Festessen. Die jährliche Fastenzeit vor dem Wintersonnwend-Fest erhielt nun im Laufe des Mittelalters nach und nach den religiösen Ausdruck der kirchlichen Adventszeit. Viele Völker, auch die Römer, die auf das Christentum einen grossen Einfluss hatten, verbanden die Fastenzeiten vor den Festtagen ausserdem mit einer besonderen innerlichen moralischen Integrität. Die Festtage waren jene Tage im Jahr, an denen Recht gesprochen wurde. Also achtete man sich im Vorfeld der Festtage in besonderer Weise darauf, moralisch rein zu bleiben, um nicht vor Gericht gestellt zu werden.

Für viele Menschen ist die Adventszeit bis heute eine Zeit der Einkehr zur besinnlichen Vorbereitung auf das Weihnachtsfest.

« Zwischen der Abfassung dieser biblischen Weihnachtsgeschichte und dem heutigen Tag liegen rund 2000 Jahre Welt- und Menschheitsgeschichte. »

Malea, 8 Jahre

# Die biblische Weihnachtsgeschichte erzählen

## Die Geschichte aus dem Matthäusevangelium (Mt 1,18–2,15)

Mit der Geburt Jesu Christi aber verhielt es sich so: Maria, seine Mutter, war mit Josef verlobt. Noch bevor sie zusammengekommen waren, zeigte es sich, dass sie schwanger war vom heiligen Geist. Josef, ihr Mann, der gerecht war und sie nicht blossstellen wollte, erwog, sie in aller Stille zu entlassen. Während er noch darüber nachdachte, da erschien ihm ein Engel des Herrn im Traum und sprach: Josef, Sohn Davids, fürchte dich nicht, Maria, deine Frau, zu dir zu nehmen, denn was sie empfangen hat, ist vom heiligen Geist. Sie wird einen Sohn gebären, und du sollst ihm den Namen Jesus geben, denn er wird sein Volk von ihren Sünden retten. Dies alles ist geschehen, damit in Erfüllung gehe, was der Herr durch den Propheten gesagt hat: *Siehe, die Jungfrau wird schwanger werden und einen Sohn gebären, und man wird ihm den Namen Immanuel geben. Das heisst: ‹Gott mit uns›.*

Als Josef vom Schlaf erwachte, tat er, wie der Engel des Herrn ihm befohlen hatte, und nahm seine Frau zu sich. Er erkannte sie aber nicht, bis sie einen Sohn geboren hatte; und er gab ihm den Namen Jesus.

Als Jesus in Betlehem in Judäa zur Zeit des Königs Herodes zur Welt gekommen war, da kamen Sterndeuter aus dem Morgenland nach Jerusalem und fragten: Wo ist der neugeborene König der Juden? Wir haben seinen Stern aufgehen sehen und sind gekommen, ihm zu huldigen. Als der König Herodes davon hörte, geriet er in Aufregung und ganz Jerusalem mit ihm. Und er liess alle Hohen Priester und Schriftgelehrten des Volkes zusammenkommen und erkundigte sich bei ihnen, wo der Messias geboren werden solle. Sie antworteten ihm: In Betlehem in Judäa, denn so steht es durch den Propheten geschrieben: *Und du, Betlehem, Land Juda, bist keineswegs die geringste unter den Fürstenstädten Judas; denn aus dir wird ein Fürst hervorgehen, der mein Volk Israel weiden wird.*

Darauf rief Herodes die Sterndeuter heimlich zu sich und wollte von ihnen genau erfahren, wann der Stern erschienen sei. Und er schickte sie nach Betlehem mit den Worten: Geht und forscht nach dem Kind! Sobald ihr es gefunden habt, meldet es mir, damit auch ich hingehen und ihm huldigen kann. Auf das Wort des Königs hin machten sie sich auf den Weg, und siehe da: Der Stern, den sie hatten aufgehen sehen, zog vor ihnen her, bis er über dem Ort stehen blieb, wo das Kind war. Als sie den Stern sahen, überkam sie grosse Freude. Und sie gingen ins Haus hinein und sahen das Kind mit Maria, seiner Mutter; sie fielen vor ihm nieder und huldigten ihm, öffneten ihre Schatztruhen und brachten ihm Geschenke dar: Gold, Weihrauch und Myrrhe.

Weil aber ein Traum sie angewiesen hatte, nicht zu Herodes zurückzukehren, zogen sie auf einem anderen Weg heim in ihr Land.

Als sie aber fortgezogen waren, da erscheint dem Josef ein Engel des Herrn im Traum und spricht: Steh auf, nimm das Kind und seine Mutter, flieh nach Ägypten und bleib dort, bis ich dir Bescheid sage! Denn Herodes wird das Kind suchen, um es umzubringen. Da stand er auf in der Nacht, nahm das Kind und seine Mutter und zog fort nach Ägypten. Dort blieb er bis zum Tod des Herodes; so sollte in Erfüllung gehen, was der Herr durch den Propheten gesagt hat: *Aus Ägypten habe ich meinen Sohn gerufen.*

## Die Geschichte aus dem Lukasevangelium (Lk 1,26–38 und 2,1–20)

Im sechsten Monat aber wurde der Engel Gabriel von Gott in eine Stadt in Galiläa mit Namen Nazaret gesandt, zu einer Jungfrau, die verlobt war mit einem Mann aus dem Hause David mit Namen Josef, und der Name der Jungfrau war Maria. Und er trat bei ihr ein und sprach: Sei gegrüsst, du Begnadete, der Herr ist mit dir! Sie aber erschrak über dieses Wort und sann darüber nach, was dieser Gruss wohl zu bedeuten habe. Und der Engel sagte zu ihr: Fürchte dich nicht, Maria, denn du hast Gnade gefunden bei Gott: Du wirst schwanger werden und einen Sohn gebären, und du sollst ihm den Namen Jesus geben. Dieser wird gross sein und Sohn des Höchsten genannt werden, und Gott, der Herr, wird ihm den Thron seines Vaters David geben, und er wird König sein über das Haus Jakob in Ewigkeit, und seine Herrschaft wird kein Ende haben. Da sagte Maria zu dem Engel: Wie soll das geschehen, da ich doch von keinem Mann weiss? Und der Engel antwortete ihr: Heiliger Geist wird über dich kommen, und Kraft des Höchsten wird dich überschatten. Darum wird auch das Heilige, das gezeugt wird, Sohn Gottes genannt werden.

Schau auf Elisabet, deine Verwandte, auch sie hat einen Sohn empfangen in ihrem Alter; und dies ist der sechste Monat für sie, die doch als unfruchtbar galt. Denn bei Gott ist kein Ding unmöglich. Da sagte Maria: Ja, ich bin des Herrn Magd; mir geschehe, wie du gesagt hast! Und der Engel verliess sie.

Es geschah aber in jenen Tagen, dass ein Erlass ausging vom Kaiser Augustus, alle Welt solle sich in Steuerlisten eintragen lassen. Dies war die erste Erhebung; sie fand statt, als Quirinius Statthalter in Syrien war. Und alle machten sich auf den Weg, um sich eintragen zu lassen, jeder in seine Heimatstadt. Auch Josef ging von Galiläa aus der Stadt Nazaret hinauf nach Judäa in die Stadt Davids, die Betlehem heisst, weil er aus dem Haus und Geschlecht Davids war, um sich eintragen zu lassen mit Maria, seiner Verlobten, die war schwanger. Und es geschah, während sie dort waren, dass die Zeit kam, da sie gebären sollte. Und sie gebar ihren ersten Sohn und wickelte ihn in Windeln und legte ihn in eine Futterkrippe, denn in der Herberge war kein Platz für sie.

Und es waren Hirten in jener Gegend auf freiem Feld und hielten in der Nacht Wache bei ihrer Herde. Und ein Engel des Herrn trat zu ihnen, und der Glanz des Herrn umleuchtete sie, und sie fürchteten sich sehr. Da sagte der Engel zu ihnen: Fürchtet euch nicht! Denn seht, ich verkündige euch grosse Freude, die allem Volk widerfahren wird: Euch wurde heute der Retter geboren, der Gesalbte, der Herr, in der Stadt Davids. Und dies sei euch das Zeichen: Ihr werdet ein neugeborenes Kind finden, das in Windeln gewickelt ist und in einer Futterkrippe liegt. Und auf einmal war bei dem Engel die ganze himmlische Heerschar, die lobten Gott und sprachen: Ehre sei Gott in der Höhe und Friede auf Erden unter den Menschen seines Wohlgefallens.

Und es geschah, als die Engel von ihnen weggegangen waren, in den Himmel zurück, dass die Hirten zueinander sagten: Lasst uns nach Betlehem gehen und die Geschichte sehen, die der Herr uns kundgetan hat! Und sie gingen eilends und fanden Maria und Josef und das neugeborene Kind, das in der Futterkrippe lag. Und als sie es sahen, taten sie das Wort kund, das ihnen über dieses Kind gesagt worden war.

Und alle, die es hörten, staunten über das, was ihnen von den Hirten gesagt wurde. Maria aber behielt alle diese Worte und bewegte sie in ihrem Herzen. Und die Hirten kehrten zurück und priesen und lobten Gott für alles, was sie gehört und gesehen hatten, so wie es ihnen gesagt worden war.

## Altersgerechtes Nacherzählen

Die biblische Weihnachtsgeschichte entspricht in grossen Teilen der Textform einer Legende. Es handelt sich um mehrere einzelne Geburtslegenden, die im ersten Jahrhundert unserer Zeitrechnung im Raum Palästina rund um die Person Jesu entstanden sind. Von den beiden biblischen Autoren des Matthäus- und Lukasevangeliums wurden sie je zu einer grossen Erzählung zusammengestellt. Wir kennen heute also zwei verschiedene Weihnachtsgeschichten. Vergleichbare Geburtslegenden wichtiger Persönlichkeiten existieren auch in den meisten anderen Religionen.

Legenden sind Geschichten, die ihren Wert nicht in ihrer Tatsächlichkeit von Begebenheiten oder in ihrer Richtigkeit von Darstellungen haben. Legenden tragen ihren Wert in sich selbst. Indem sie erzählt werden, werden sie für Menschen bedeutsam. Beim Erzählen der biblischen Weihnachtsgeschichte geht es also nicht um die Klärung der Frage, unter welchen genauen Umständen oder an welchem Ort Jesus wohl tatsächlich geboren worden sei. Was sich dabei alles zugetragen haben könnte und was dabei historisch richtig und was falsch ist. Sondern es geht darum, den religiösen Gehalt dieser symbolischen Sprache in den Texten aufzuspüren und ihn für sich persönlich fruchtbar und bedeutsam zu machen.

Die Textform der Legende drückt von Anfang an aus, dass es sich beim Weihnachtsgeschehen nicht um einen Bericht, eine philosophische Abhandlung oder um Poesie handelt. Sondern, dass es um eine Geschichte geht, die erzählt werden will. So gibt es auch zu keinem anderen Festtag so viele Geschichten wie zu Weihnachten. Weihnachtsgeschichten sind zu einem eigenen literarischen Genre geworden.

Die biblische Weihnachtsgeschichte stellt uns Modelle vor von Menschen, die Erlösung von Trauer und Ohnmacht erleben, die Licht im Dunkeln finden, die mutig den Weg vom Rand in die Mitte gehen, die erfolgreich einem Stern folgen, die unmöglich Geglaubtes als möglich erfahren, die in ihrer lieblosen Umgebung Liebe aufspüren. Von diesen Lebensmodellen, die uns herausfordern, antreiben, stärken und mit Mut und Liebe erfüllen, kann jeder und jede, Jung und Alt, etwas lernen. Es lohnt sich, davon weiterzuerzählen.

Wenn Erwachsene Kindern die Weihnachtsgeschichte jedes Jahr neu erzählen, so bringen sie zum Ausdruck, dass eine alte biblische Geschichte in ihrem Kern bis heute ihre Relevanz bewahrt hat. Das, was sich die Menschen in biblischer Zeit erzählten, erzählen sich Menschen heute immer noch. Lediglich auf neue Weise.

Die Frage, was beim Begleiten von Kindern altersgerecht sei, was einem Kind in welchem Alter an Erzählungen zugemutet werden oder was ein Kind überhaupt verstehen kann, wird dabei oft gestellt. Sie ist Gegenstand der wissenschaftlichen Entwicklungs- und Lernpsychologie. Für Rituale und Geschichten ist insbesondere die Frage nach dem Verständnis von religiöser und symbolischer Sprache wesentlich. Die Frage also, was ein Kind an Inhalten und Bedeutungen von verwendeten Begriffen und zwischen den gedruckten Zeilen symbolisch erfassen kann. In diesem Bereich hat sich wissenschaftlich in den vergangenen Jahren einiges getan. So wird heute in Bezug auf religiöse Lernwege beispielsweise kaum noch ein Zweitklass- von einem Viertklasskind unterschieden. Die enorm unterschiedlichen Erfahrungen, die Kinder aus ihren Familien, ihren Freundeskreisen und ihrem Umfeld mitbringen, machen ein Denken in grösseren Alterszyklen unabdingbar. Die Kompetenzen einer Erstklässlerin können im religiösen Bereich dieselben sein wie diejenigen eines Viertklässlers. Ob ein Kind aus der Weihnachtsgeschichte einen tieferen, persönlichen Sinn herauslesen kann, hängt nicht nur vom Alter, sondern auch von vielen weiteren Faktoren ab. Das Anbieten verschiedener Erzählungen, Rituale und Symbole erleichtert es jedem Kind, auf seine Weise Weihnachten mit allen Sinnen zu erfassen.

Immer wieder stellen Eltern die Frage, inwiefern schon ihre Kleinkinder unter drei Jahren eine Geschichte verstehen können. Auch dazu sei auf die Erkenntnisse aus Entwicklungs- und Lernpsychologie verwiesen. Es darf darauf vertraut werden, dass sich jedes Kind unabhängig seines Alters dasjenige aus einer Geschichte herausnimmt, was bei ihm innerlich Anklang findet. Das Geschichtenerzählen auch für Kinder unter drei Jahren kann demzufolge nur empfohlen werden. Da es allerdings schwierig ist, biblische Geschichten sprachlich für Kleinkinder unter drei Jahren zu formulieren, empfiehlt es sich, Bilder, Symbole und Ritualhandlungen für das Verständnis einer Geschichte zu Hilfe zu nehmen. Zur biblischen Weihnachtsgeschichte gibt es viele Bilder, die auch ohne Text eine wertvolle Wirkung haben.

Auf der Suche nach einer passenden Erzählvorlage zur biblischen Weihnachtsgeschichte stösst man auf eine grosse und überwältigende Vielfalt an Textvarianten. Regale voller Bilderbücher sind im Angebot. Verschiedene Kinderbibeln erzählen je anders von der Geburt Jesu. Nicht einmal die «normalen» Bibeln sind textlich identisch. Was ist also zu wählen?

Bereits der griechische Text der Weihnachtsgeschichte war seinerzeit nicht einheitlich. Die im Matthäus- und Lukasevangelium vorliegenden Gesamttextwerke entsprechen einer Auswahl von damals gängigen Einzelversionen. Nicht verwunderlich also, wie vielfältig später die lateinischen und deutschen Übersetzungen, nicht zu reden von den in jüngster Zeit entstandenen kindgerechten Fassungen ausfielen. Übersetzung ist immer auch Interpretation.

« Die biblische Weihnachtsgeschichte stellt uns Modelle vor von Menschen, die Erlösung von Trauer und Ohnmacht erleben, die Licht im Dunkeln finden, die mutig den Weg vom Rand in die Mitte gehen, die erfolgreich einem Stern folgen, die unmöglich Geglaubtes als möglich erfahren, die in ihrer lieblosen Umgebung Liebe aufspüren. »

Ein erster Anhaltspunkt für eine gute Auswahl kann das Beachten der Herkunft einer Textausgabe sein. Die weltanschauliche Grundhaltung eines Verlags, Herausgebers oder einer Autorin sagt viel darüber aus, welcher Absicht eine biblische Nacherzählung folgt. Darüber hinaus existieren aus theologischer, pädagogischer und erzähltechnischer Sicht bestimmte Kriterien, die eine Nacherzählung empfehlenswert machen. Dass dabei nicht nur die einen, sondern die Kriterien aus allen diesen drei Sichtweisen berücksichtigt werden, ist wichtig. In den im Folgenden abgedruckten oder empfohlenen Nacherzählungen beispielsweise sind die gesellschaftlichen und politischen Umstände der Abfassungszeit bereits altersgerecht eingearbeitet. Sie werden weder einfach ignoriert noch umständlich im Erzählverlauf erklärt. Dies macht sie im Gegensatz zu den biblischen Ursprungstexten pädagogisch praxistauglicher und berücksichtigt dennoch deren theologische Grundausrichtung. Das theologische Leitmotiv der Erlösung wird für Kinder nur nachvollziehbar, wenn von der damaligen Erlösungsbedürftigkeit spürbar erzählt wird.

Biblische Sprache ist allgemein keine leichte Sprache. Viele Formulierungen und Begriffe gehören einer Sprachwelt an, zu der Kinder kaum Zugang haben. Das ist wohl der Hauptgrund dafür, dass es so viele verschiedene Nach- und Neuerzählungen zu biblischen Geschichten gibt. Um den Kindern die biblische Weihnachtsgeschichte tatsächlich nahebringen zu können, ist es deshalb wichtig, zumindest zu Beginn sprachlich einfache, verständliche Textvorlagen zu wählen. Sobald ein Kind die Geschichte schon zehn- oder mehrmals gehört hat, darf der Schritt zum Bibeltext allerdings auch gewagt werden.

Bis zu welchem Alter Kinder positiv auf Bilder ansprechen, kann nicht einheitlich gesagt werden. Für einen Grossteil von Kindern sind Bilder ab Mitte Primarschule nicht mehr relevant fürs Erfassen einer Geschichte und können sogar eine gewisse Beschämung bewirken im Sinn von «Ich bin doch schon zu gross für Bilderbücher!». Allerdings ist innerhalb des Familiengefüges oft vieles noch möglich, was in Gruppen von Gleichaltrigen nicht mehr möglich ist. Kinder geben sicherlich gern Auskunft darüber, ob sie die Weihnachtsgeschichte mit oder ohne Bilder mögen.

Für Kleinkinder mit Muttersprache Schweizerdeutsch ist das Erfassen einer in Schweizer Mundart erzählten Geschichte einfacher als das einer in Hochdeutsch erzählten. Deshalb finden sich bei den Nacherzählungen für Kleinkinder im Folgenden je sowohl eine schweizerdeutsche wie auch eine hochdeutsche Version.

## Nacherzählung für Kleinkinder (bis ca. 6 Jahre)

### Jesus wird geboren (nach Lukas 2,1–7)

Vor langer Zeit regierte in einem fernen Land der mächtige König Augustus. Die Menschen mussten ihm viel Geld abgeben. Ein grosses, mächtiges Königreich wollte er damit bauen.

Maria aus dem Städtchen Nazaret war deshalb sehr arm. So, wie ihre Familie und ihre Freunde auch arm waren. Alle wünschten sich einen neuen, friedlichen König, der sich mehr über glückliche Menschen als über ein grosses Reich freut.

Maria trug schon eine Weile ein kleines Kindlein in ihrem Bauch und in wenigen Tagen wollte sie ihren Josef heiraten. Doch so weit kam es nicht. Weil König Augustus alle Menschen in seinem Reich zählen wollte, mussten Maria und Josef zuerst in Josefs Heimatstadt Betlehem reisen. Natürlich zu Fuss. Für Pferd und Wagen hatten sie zu wenig Geld.

Für Maria mit ihrem schweren Bauch war diese Reise sehr anstrengend. Am Abend erst kamen sie endlich in Betlehem an. Doch es gab in keinem Haus ein Bett für sie zum Schlafen. Viele andere Menschen mussten sich auch von König Augustus zählen lassen. Sie hatten die Betten in Betlehem schon alle besetzt. Zum Glück führte ein netter Mann Maria und Josef zu seinen Tieren. Dort gab es weiches Stroh und Heu und die Tiere sorgten für warme Luft.

Noch in derselben Nacht kam das Kindlein zur Welt. Maria legte es in die Futterkrippe der Tiere ins Heu. Es bekam den Namen Jesus. Maria und Josef vergassen vor lauter Freude über das Kind ihre ganzen Sorgen, die sie zu Hause in Nazareth und während der Reise noch geplagt hatten. Der kleine Jesus war für sie wie dieser neue friedliche König, den sie sich so sehr wünschten.

## Besuch der Hirten (nach Lukas 2,8–20)

In der Nacht, als Jesus zur Welt kam, hüteten Hirten ihre Schafe auf dem Feld. Sie spürten die Kälte der Nacht bis in ihre Knochen, sie hatten Hunger, und sie hatten ständig Angst vor wilden Tieren, die die Schafe fressen könnten.

Die Menschen in den Dörfern wollten nichts mit den Hirten zu tun haben. «Hirten stinken!», sagten sie. Deshalb blieben die Hirten lieber auf den Feldern draussen und träumten von einem leichteren Leben. Sie träumten vor allem davon, bei den Menschen der Dörfer von Herzen willkommen zu sein.

Plötzlich in dieser Nacht sahen die Hirten ein helles Licht. Die Angst packte sie, denn sie wussten nicht, woher dieses Leuchten kam. Da sahen sie einen Engel aus dem Licht hervortreten. Der sagte zu ihnen: «Habt keine Angst! Ich erzähle euch eine grosse Freude. Heute wurde in Betlehem ein neuer König geboren. Ein kleines Kind, das die Menschen froh machen wird.»

Es gab sogar Hirten, die meinten, ein Singen und Klingen vom Himmel her zu hören, bis das Leuchten ganz am Nachthimmel verschwunden war. Ihnen allen war klar, dass sie soeben ein Wunder erlebt hatten. Schnell trieben sie ihre Schafe zusammen und machten sich auf den Weg nach Betlehem. Ein kleines Kind, das sie aus ihrem freudlosen Leben retten könnte, das wollten sie unbedingt sehen.

Bei der Futterkrippe in Betlehem angekommen, spürten die Hirten sofort, wie ihnen warm ums Herz wurde. Sie betrachteten liebevoll das kleine Kindlein. Es schenkte ihnen Freude und stimmte sie friedlich. Sie erzählten Maria und Josef, was sie draussen auf dem Feld erlebt hatten. Maria schloss das Wunder tief in ihrem Herzen ein, sodass sie es nie mehr vergessen würde.

« Das, was sich die Menschen in biblischer Zeit erzählten, erzählen sich Menschen heute immer noch. Lediglich auf neue Weise. »

## De Jesus wird gebore (in Aargauer Mundart nach Lukas 2,1–7)

Es hett e Zyt geh, do hett de mächtig König Augustus regiert. Alli Mönsche händ för de König Tag und Nacht müesse schaffe und ihm vill vill Gäld zahle. Dorom sind fascht alli Mönsche arm gsi. Sii hätted gern en andere König gha. Eine, wo guet zu ihne isch und för es fridlichs Läbe sorget.

I dere schwere Zyt hett im chliine Dörfli Nazaret d'Maria gwohnt. Sii hett es Chindli im Buuch gha und ihri Hochzyt mit em Josef isch scho planet gsi. Aber bevor die beide öberhaupt dezue cho sind, z'hürote, händ si müesse e wiiti Reis unterneh. De König Augustus hett welle sini Lüüt zelle. Dorom händ d'Maria und de Josef müesse i d'Schtadt Betlehem reise. Det hett's e Lischte geh vom König, wo me alli Näme hett chönne drufschriibe.

Z'Fuess händ sich die beide also uf de langi Wäg vo Nazaret uf Betlehem gmacht. D'Maria hett fascht nömme möge laufe mit ihrem dicke Buuch. So händ's grad, wo si z'Betlehem acho sind, en Ort gsuecht zum sich Usruihe und Schloofe. Aber niened hett's Platz gha. Au vili anderi Lüüt händ wäg em König müesse uf Betlehem reise. Und eso sind alli Bett i allne Hüüser scho bsetzt gsi. Zum Glück hett ein nätte Maa d'Maria und de Josef zu sine Tier gfüehrt. Det isch es schön warm gsi und es hett weichs Schtroh und Heu gha.

Und bi dene Tier und i dere Nacht isch denn s'Chindli uf d'Wält cho. D'Maria hett ihm de Name Jesus geh. Sii händ ihn i d'Fuetterchrippe vo de Tier gleit, wo weich mit Heu polschteret gsi isch, und händ sich gfreuit. Ihres Chindli isch för sii wie de neui König gsi, wo sii sich gwünscht händ. De Jesus hett ihne Fride is Läbe brocht.

## De Bsuech vo de Hirte (in Aargauer Mundart nach Lukas 2,8–20)

I de Nöchi händ Hirte uf em Fäld ihri Schof ghüetet. Schofhirte händ es bsunders schwers Läbe gha. Sii sind immer verusse gsi. Au jetzt i dere chalte Nacht. D'Lüüt i de Dörfer händ sii ned gern gha. «Hirte schtinked!», händ's zunenand gseit. Dorom isch de Hirte nüt anders öbrig blibe, als dusse uf de Fälder devo z'träume, dass die andere Mönsche si irgendeinisch emol werded willkomme heisse.

Aber usgrächnet die Hirte händ i dere Nacht es Wunder erläbt. Plötzli händ si nämmli ganz es hells Lüüchte gseh am Himmel. Sii händ Angscht öbercho. S'hett fescht bländet und sie händ mit de Ärm ihri Auge verdeckt.

Aber do händ's e fründlichi Schtimm ghört rede vom Himmel obenabe. Die hett gseit: «Händ kei Angscht! Ich bi en Ängel vo Gott und ich dörf eui vonere grosse Freuid verzelle! Hött znacht isch z'Betlehem en neuie König gebore worde. De Jesus. Er isch ned esonen König, wien ihr Könige kenned. Er wird ned i euiere Wält regiere, sondern i euine Herze. Er wird emol guet zu eui sii und för es fridlichs Läbe för eui sorge. Gönd go luege! Wenn ihr z'Betlehem es chliises Chindli inere Fuetterchrippe finded, denn händ ihr ihn gfunde.»

Und plötzli händ d'Hirte es wunderschöns Lied ghört, wo de ganz Himmel öber ihne zum Klinge brocht hett. Ganz vili Ängel händ vo de Freuid und vom Fride gsunge. De Hirte isch es warm ums Herz worde.

No i de gliiche Nacht händ sii sich uf d'Suechi gmacht. Sii händ das chliine Königschindli gfunde mit de Maria und em Josef z'Betlehem. E grossi Freuid hett sii erfüllt bi dem Chindli. Und sii händ gwösst, dass de Ängel uf em Fäld ihne s'Richtige verzellt hett. D'Maria hett d'Freuid vo e Hirte i ihrem eigete Herz gschpürt. Dorom isch sii sicher gsi, dass sii das niemeh wird vergässe.

*Irmgard Weth, Neukirchener Vorlesebibel, mit Bildern von Kees de Kort, Neukirchener Kalenderverlag, Neukirchen-Vluyn [3]2020.*

*Bibel in leichter Sprache. Evangelien der Sonn- und Festtage im Lesejahr A, Katholisches Bibelwerk, Stuttgart 2016.*

*Christine Georg, Besuch an der Krippe, Arena Verlag, Würzburg 1998.*

*Krenzer Rolf, Meine erste Weihnachtsgeschichte, mit Illustrationen von Constanza Droop, Loewe Verlag, Bindlach 2017.*

## Nacherzählung für jüngere Kinder (bis ca. 9 Jahre)

### Jesus wird geboren (nach Lukas 2,1–7)

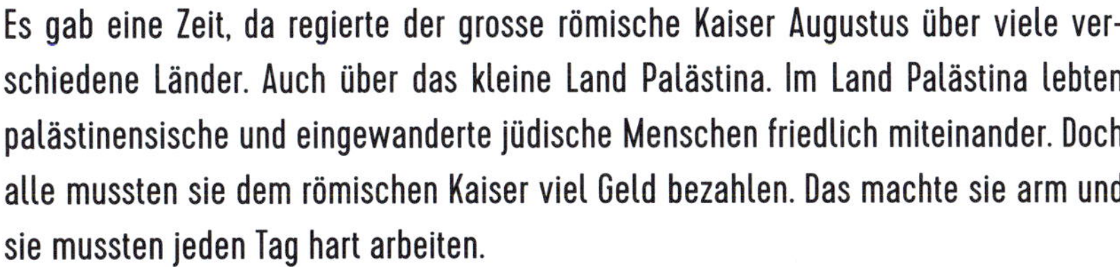

Es gab eine Zeit, da regierte der grosse römische Kaiser Augustus über viele verschiedene Länder. Auch über das kleine Land Palästina. Im Land Palästina lebten palästinensische und eingewanderte jüdische Menschen friedlich miteinander. Doch alle mussten sie dem römischen Kaiser viel Geld bezahlen. Das machte sie arm und sie mussten jeden Tag hart arbeiten.

Dort in Palästina, im Städtchen Nazaret, wohnte eine junge Frau mit Namen Maria. Maria erwartete ein Kindlein und sollte demnächst den Zimmermann Josef heiraten, der zur jüdischen Familie Davids gehörte. David war vor langer Zeit ein mächtiger, aber friedlicher jüdischer König gewesen, der gut für die Menschen gesorgt hatte. Alle jüdischen Menschen wünschten sich nun wieder so einen König, der sie aus ihrem anstrengenden Leben retten und ihnen Frieden bringen würde.

In diesen Tagen, als Josef aus der Familie Davids und Maria heiraten wollten, befahl Kaiser Augustus, dass alle Menschen aus allen Ländern seines römischen Kaiserreichs gezählt werden sollten. Dafür mussten alle Männer mit ihren Frauen und Kindern in ihren Heimatort reisen. Der Heimatort der Davidsfamilie war die kleine Stadt Betlehem.

Als Josef und Maria also nach einem langen Weg endlich in diesem Betlehem ankamen, fanden sie nirgends ein Gasthaus oder eine Herberge, wo sie übernachten konnten. Zu viele Menschen waren wegen des Befehls von Kaiser Augustus in die Stadt gereist. Es hatte nirgends Platz für zwei so arme Leute, die nicht einmal genügend Geld zur Bezahlung eines Zimmers dabeihatten. So führte sie ein freundlicher Herbergswirt immerhin zu seinen Tieren, wo es weiches Stroh und Heu gab, und wo es dank der Tiere nicht ganz so kalt war. Dort kam der kleine Jesus noch in dieser Nacht zur Welt. Maria wickelte ihn in Windeln und legte ihn in die Futterkrippe der Tiere. Und Maria und Josef spürten einen tiefen Frieden in ihren Herzen.

## Besuch der Hirten (nach Lukas 2,8–20)

In der Nacht, als Jesus zur Welt kam, hüteten Hirten ihre Schafe auf dem Feld. Sie spürten die Kälte der Nacht bis in ihre Knochen, sie hatten Hunger, und sie hatten ständig Angst vor wilden Tieren, die die Schafe fressen könnten.

Die Menschen in den Dörfern wollten nichts mit den Hirten zu tun haben. «Hirten stinken!», sagten sie. Deshalb blieben die Hirten lieber auf den Feldern draussen und träumten von einem leichteren Leben. Sie träumten vor allem davon, bei den Menschen der Dörfer von Herzen willkommen zu sein.

Plötzlich in dieser Nacht sahen die Hirten ein helles Licht. Die Angst packte sie, denn sie wussten nicht, woher dieses Leuchten kam. Da sahen sie einen Engel aus dem Licht hervortreten. Der sagte zu ihnen: «Habt keine Angst! Ich erzähle euch eine grosse Freude. Heute wurde in Betlehem ein neuer König geboren. Ein kleines Kind, das die Menschen froh machen wird.»

Es gab sogar Hirten, die meinten, ein Singen und Klingen vom Himmel her zu hören, bis das Leuchten ganz am Nachthimmel verschwunden war. Ihnen allen war klar, dass sie soeben ein Wunder erlebt hatten. Schnell trieben sie ihre Schafe zusammen und machten sich auf den Weg nach Betlehem. Ein kleines Kind, das sie aus ihrem freudlosen Leben retten könnte, das wollten sie unbedingt sehen. Bei der Futterkrippe in Betlehem angekommen, spürten die Hirten sofort, wie ihnen warm ums Herz wurde. Sie betrachteten liebevoll das kleine Kindlein. Es schenkte ihnen Freude und stimmte sie friedlich. Sie erzählten Maria und Josef, was sie draussen auf dem Feld erlebt hatten. Maria schloss das Wunder tief in ihrem Herzen ein, sodass sie es nie mehr vergessen würde.

## Besuch der Sterndeuter (nach Matthäus 2,1–12)

Weil Kaiser Augustus nicht in jedem seiner Länder selbst zum Rechten sehen konnte, regierte in Palästina der König Herodes für ihn. Herodes hatte seinen Königssitz in der grossen Stadt Jerusalem. Wie seinerzeit der jüdische König David. Dorthin, nach Jerusalem, kamen kurz nach der Geburt Jesu weise Männer aus dem Morgenland angereist. Die Männer nannten sich Sterndeuter, denn sie kannten die Sterne am Himmel und ihre Bewegungen und ihre Bedeutungen.

«Wo ist der neugeborene König der jüdischen Menschen?», fragte einer der Sterndeuter den König Herodes. «Wir haben seinen Stern aufgehen sehen. Hier in der Nähe muss es sein. Der Stern leuchtet hier über dem Land Palästina.»

König Herodes wusste von nichts. Doch als er von einem angeblichen König vernahm, der über dasselbe Land regieren sollte wie er, wurde er von Eifersucht und Wut gepackt. Ein solcher König musste so schnell wie möglich getötet werden. Er liess seine Besucher aus dem Morgenland in einem Zimmer seines Palasts warten und erkundigte sich bei den weisen jüdischen Männern Jerusalems nach dem Geburtsort eines möglichen neuen Königs.

Die Männer wussten ebenfalls nichts davon. Doch in ihren heiligen Büchern stand, dass dereinst in der Davidsstadt Betlehem ein Retter für die notleidenden jüdischen Menschen geboren werden würde.

So schickte König Herodes die Sterndeuter nach Betlehem und befahl ihnen: «Wenn ihr das Königskind gefunden habt, dann kommt sofort zurück zu mir und sagt mir, wo ich es finden kann! Natürlich möchte auch ich mich vor ihm verbeugen.»

Die Sterndeuter machten sich auf den Weg von Jerusalem nach Betlehem. Der Stern, den sie im Morgenland gesehen hatten, zog immer vor ihnen her. Und dort, wo Jesus geboren worden war, blieb er stehen. Die weisen Männer traten zur Futterkrippe, sahen das Kind und wurden von einer grossen Freude erfüllt. Sie brachten Jesus wertvolle Geschenke: Gold, Weihrauch und Myrrhe. Sie dankten Gott für diesen wunderbaren Moment.

Da sie in der Nacht in einem Traum angewiesen wurden, nicht zu König Herodes zurückzukehren, zogen sie auf einem Umweg wieder in ihr Heimatland zurück.

*Irmgard Weth, Neukirchener Kinderbibel, mit Bildern von Kees de Kort, Neukirchener Kalenderverlag, Neukirchen-Vluyn [20]2020.*

*Regine Schindler, Mit Gott unterwegs, Die Bibel für Kinder und Erwachsene neu erzählt, mit Illustrationen von Zavrel Stepan, Bohem Press, Affoltern a.A. 2014.*

*Rainer Oberthür, Die Weihnachtserzählung, mit Illustrationen von Renate Seelig, Gabriel Verlag, Stuttgart [2]2011.*

*Langen Annette, Unsere eigene Weihnachtsgeschichte, mit Illustrationen von Marije Tolman, NordSüd Verlag, Zürich [2]2019.*

*Günter Spang, Ochs und Esel. Eine Weihnachtsgeschichte, mit Illustrationen von Loek Koopmans, NordSüd Verlag, Zürich [2]2001.*

*Brian Wildsmith, Die Reise nach Bethlehem, Bohem Press, Affoltern a.A. [7]2004.*

## Nacherzählung für ältere Kinder (bis ca. 12 Jahre)

### Der Engel Gabriel kommt zu Maria (nach Lukas 1,26–38)

Es gab eine Zeit, da regierte der grosse römische Kaiser Augustus über viele verschiedene Länder. Auch über das kleine Land Palästina. Dort lebten palästinensische und eingewanderte jüdische Menschen friedlich miteinander. Doch alle mussten sie dem römischen Kaiser viel Geld bezahlen. Das machte sie arm und sie mussten jeden Tag hart arbeiten.

Im Städtchen Nazareth wohnte eine junge Frau mit Namen Maria. Maria sollte demnächst den Zimmermann Josef heiraten, der zur jüdischen Familie Davids gehörte. David war vor langer Zeit ein mächtiger, aber friedlicher jüdischer König, der gut für die Menschen sorgte. Alle jüdischen Menschen wünschten sich nun wieder so einen König, der sie aus ihrem anstrengenden Leben retten und ihnen Frieden bringen würde.

Eines Morgens sah Maria einen hellen Schein durch ihr Fenster kommen. Sie erschrak und fragte sich, was das wohl bedeute.

Da hörte sie eine Stimme, die zu ihr sagte: «Sei gegrüsst, Maria, du Glückliche! Hab keine Angst! Ich bin der Engel Gabriel und habe dir etwas sehr Besonderes zu erzählen. Du wirst bald ein Kind zur Welt bringen. Gib ihm den Namen Jesus. Das heisst ‹Der Retter›. Dein Kind wird König werden und auf dem Thron des grossen Königs David sitzen. Dein Jesus wird Sohn Gottes genannt werden und seine Königsherrschaft wird kein Ende haben.»

Maria staunte und fragte: «Wie soll ich denn ein Kind bekommen können, wenn ich noch gar nicht mit Josef verheiratet bin?»

«Bei Gott ist nichts unmöglich! Freue dich!», antwortete der Engel und verliess so schnell wie er gekommen war Marias Haus durchs Fenster.

### Josefs Traum (nach Matthäus 1,18–25)

Josef blieb es nicht verborgen, dass der Bauch von Maria, die er heiraten wollte, immer dicker wurde. «Sie bekommt ein Kind, das nicht von mir sein kann.», dachte er voller Schrecken und wollte Maria deshalb verlassen.

Doch im Schlaf hörte er einen Engel zu ihm sagen: «Josef, hab keine Angst! Das Kind in Marias Bauch ist ein besonderes Kind. Es wird Jesus, der Retter heissen. Du sollst sein Vater werden. Auch wenn du noch nicht mit Maria verheiratet bist! Bleibe bei Maria und sorge für sie und das Kind! Du wirst mit Glück beschenkt werden.» Vom Schlaf erwacht, wusste Josef am nächsten Morgen sofort, dass er Maria auf keinen Fall verlassen würde.

## Jesus wird geboren (nach Lukas 2,1–7)

In diesen Tagen befahl der römische Kaiser Augustus, dass alle Menschen in allen Ländern seines Kaiserreichs gezählt werden sollten. Dafür mussten alle Männer mit ihren Frauen und Kindern in ihren Heimatort reisen. Der Heimatort von Josef, der Heimatort der Davidsfamilie, war die kleine Stadt Betlehem.

Als Josef und Maria nach einem langen Weg endlich in Betlehem ankamen, fanden sie nirgends ein Gasthaus oder eine Herberge, wo sie übernachten konnten. Zu viele Menschen waren wegen des Befehls von Kaiser Augustus in die Stadt gereist. Es hatte nirgends Platz für zwei so arme Leute, die nicht einmal genügend Geld zur Bezahlung eines Zimmers dabeihatten. So führte sie ein freundlicher Herbergswirt immerhin zu seinen Tieren, wo es weiches Stroh und Heu gab, und wo es dank der Tiere nicht ganz so kalt war.

An diesem Ort kam Jesus noch in dieser Nacht zur Welt. Maria wickelte ihn in Windeln und legte ihn in die Futterkrippe der Tiere. Und Maria und Josef spürten einen tiefen Frieden in ihren Herzen.

## Besuch der Hirten (nach Lukas 2,8–20)

In derselben Nacht hüteten Hirten auf den Feldern ihre Schafe. Hirten hatten ein besonders schweres Leben. Sie arbeiteten Tag und Nacht draussen bei Hitze und Kälte, Sonne und Regen. Sie hatten wenig zu essen und keine Gelegenheit, sich zu waschen. Hirten gehörten zu denjenigen Menschen, die sich am meisten nach einem neuen König sehnten, der sie aus diesem harten Leben retten würde. Denn die Menschen in den Dörfern und Städten sahen die Hirten nicht gern. «Hirten stinken und sind schmutzig!», sagten sie.

Solche Hirten nun aus der Gegend um Betlehem erlebten in dieser Nacht ein Wunder. Als sie wie gewohnt ihre Schafe bewachten, sahen sie plötzlich ein helles Licht. Die Angst packte sie und sie wussten nicht, was dieser leuchtende Glanz zu bedeuten habe. Es ging ihnen ähnlich wie Maria, als sie damals in ihrem Haus plötzlich den Engel Gabriel sah. Und wieder war es ein Engel, der zu den Hirten sprach: «Habt keine Angst! Ich darf euch von einer grossen Freude erzählen. Denn heute wurde in der Stadt Betlehem der Retter geboren. Euer Retter. Wenn ihr ein neugeborenes Kind findet, das in Windeln gewickelt ist und in einer Futterkrippe liegt, dann habt ihr ihn gefunden.»

Und plötzlich war da nicht mehr nur ein Engel, sondern eine ganze Schar. Und alle sangen sie zusammen: «Ehre sei Gott in der Höhe, Frieden auf Erden. Und den Menschen ein Wohlgefallen. Amen.»

Kaum war das Lied im Himmel verklungen, waren auch das Licht und die Engel nicht mehr da. Den Hirten wurde bewusst, dass sie soeben ein Wunder erlebt hatten. Es war für alle klar, dass sie sich auf den Weg nach Betlehem machen würden, um den kleinen Retter zu suchen.

Sie fanden das Kind und Maria und Josef und spürten das Glück, das von diesem Kind ausging. Sie erzählten, was ihnen draussen auf den Feldern geschehen war mit den Engeln und dem Lied. Niemand der Zuhörenden würde diese Erzählung der Hirten jemals wieder vergessen. Maria schloss das grosse Wunder tief in ihrem Herzen ein.

Gegen Morgen mussten die Hirten wieder zurück zu ihren Schafen auf die Felder. Sie waren fröhlich gestimmt und dankten Gott für die Geburt dieses besonderen Königs.

## Besuch der Sterndeuter (nach Matthäus 2,1–12)

Weil Kaiser Augustus nicht in jedem seiner Länder selbst zum Rechten sehen konnte, regierte in Palästina der König Herodes für ihn. Herodes hatte seinen Königssitz in der grossen Stadt Jerusalem. Wie seinerzeit der jüdische König David. Dorthin, nach Jerusalem, kamen kurz nach der Geburt Jesu weise Männer aus dem Morgenland angereist. Die Männer nannten sich Sterndeuter, denn sie kannten die Sterne am Himmel und ihre Bewegungen und ihre Bedeutungen.

«Wo ist der neugeborene jüdische König?», fragte einer der Sterndeuter den König Herodes. «Wir haben seinen Stern aufgehen sehen. Hier in der Nähe muss es sein. Der Stern leuchtet hier über dem Land Palästina.»

König Herodes wusste von nichts. Doch als er von einem angeblichen König vernahm, der über dasselbe Land regieren sollte wie er, wurde er von Eifersucht und Wut gepackt. Ein solcher König musste so schnell als möglich getötet werden. Er liess seine Besucher aus dem Morgenland in einem Zimmer seines Palasts warten und erkundigte sich bei den weisen jüdischen Männern Jerusalems nach dem Geburtsort eines möglichen neuen Königs.

Die Männer wussten ebenfalls nichts davon. Doch in ihren heiligen Büchern stand, dass dereinst in der Davidsstadt Betlehem ein Retter für die notleidenden jüdischen Menschen geboren werden würde.

So schickte König Herodes die Sterndeuter nach Betlehem und befahl ihnen: «Wenn ihr das Königskind gefunden habt, dann kommt sofort zurück zu mir und sagt mir, wo ich es finden kann! Natürlich möchte auch ich mich vor ihm verbeugen.»

Die Sterndeuter machten sich auf den Weg von Jerusalem nach Betlehem. Der Stern, den sie im Morgenland gesehen hatten, zog immer vor ihnen her. Und dort, wo Jesus geboren worden war, blieb er stehen. Die weisen Männer traten zur Futterkrippe, sahen das Kind und wurden von einer grossen Freude erfüllt. Sie brachten Jesus wertvolle Geschenke: Gold, Weihrauch und Myrrhe. Sie dankten Gott für diesen wunderbaren Moment.

Da sie in der Nacht in einem Traum angewiesen wurden, nicht zu König Herodes zurückzukehren, zogen sie auf einem Umweg wieder in ihr Heimatland zurück.

*Martina Steinkühler, Die neue Erzählbibel, mit Illustrationen von Barbara Nascimbeni, Gabriel Verlag, Stuttgart 2015.*

*Walter Bühlmann, Annemarie Schwegler, Christine Egger, Bethlehem vor 2000 Jahren, rex verlag luzern, Kriens 1993.*

« Es darf darauf vertraut werden, dass sich jedes Kind unabhängig seines Alters dasjenige aus einer Geschichte herausnimmt, was bei ihm innerlich Anklang findet. »

Jana, 11 Jahre

# Die Schatzkiste für die Weihnachtszeit öffnen

## Gestaltungsanregungen finden

Wer die Weihnachtszeit mit besonderer Aufmerksamkeit für wertvolle Schätze erleben möchte, findet auf den folgenden Seiten viele Hilfestellungen. Sowohl die biblische Weihnachtsgeschichte wie auch die vielen Bräuche und Traditionen dieser Jahreszeit bieten unzählige Impulse zur Alltagsgestaltung mit Kindern.

Die aufgeführten Gestaltungsanregungen sind erzählerischer, ritueller und erfahrungsorientierter Natur. Es besteht so die Möglichkeit, pro Jahr beispielsweise nur ein einziges Leitmotiv auszuwählen und dieses vielfältig zu gestalten. Vielleicht dreht sich im einen Jahr alles um das Motiv «Fürchte dich nicht!»: Adventskalender, Kranz, Rituale usw. werden danach gestaltet. Im nächsten Jahr steht etwas anderes im Zentrum. Es kann als weitere Möglichkeit aber auch für jedes Kind je ein anderes Thema gewählt werden. Oder jede Adventswoche nimmt einen anderen Zugang in den Fokus. Oder der Adventskalender stellt ein anderes Leitmotiv ins Zentrum als der Adventskranz. Oder die Entscheidung richtet sich jährlich danach, was spontan ansprechend wirkt und was gerade einfach umzusetzen ist.

Um unliebsame Nachtschichten möglichst zu vermeiden, bietet es sich an, bereits Anfang November mit der Advents- und Weihnachtsplanung zu beginnen. Je nachdem, welche Ideen ins Auge gefasst werden, braucht deren Umsetzung ein wenig Zeit. Auch ist es ratsam, neue Ideen von Anfang an mit den bereits bestehenden Advents-Terminen aller beteiligten Personen zu koordinieren. Vieles gelingt in der Hektik des Alltags nicht, wenn es nicht klar im Kalender eingeplant ist.

Einige der Gestaltungsanregungen können gerade so, wie sie beschrieben sind, für die Kinder umgesetzt werden. Andere sind nicht pfannenfertig zu übernehmen, sondern präsentieren sich eher als Muster, denen noch eine persönliche Note gegeben werden muss. Die eine oder andere Idee generiert vielleicht sogar weitere persönliche Varianten.

Einige Bücher oder Medien, auf die verwiesen wird, sind vergriffen und nicht mehr im Handel erhältlich. Da viele jedoch antiquarisch auffindbar oder in Mediotheken ausleihbar sind, haben sie dennoch Eingang in dieses Handbuch gefunden.

## Neue Inspiration aus der alten Weihnachtsgeschichte

So anmutig, harmonisch und friedvoll, wie die biblische Weihnachtsgeschichte daherkommt, könnte sie manch einer Mutter oder manch einem Grossvater schon fast ein wenig langweilig erscheinen. Auch, weil sie jedes Jahr erneut erzählt wird. Haben die Kinder einmal ein gewisses Alter erreicht, scheint es kaum noch Neues darin zu entdecken zu geben. So erstaunt es nicht, dass nebst der biblischen auch viele weitere Weihnachtsgeschichten existieren. Die einen sind inhaltlich nahe an der Bibel. In anderen kommen die wertvollen Leitmotive, die sich in der Bibel finden lassen, kaum oder gar nicht vor. Nebst vielen guten Weihnachtsgeschichten existieren im Buchhandel leider auch sehr oberflächliche, die bei den vordergründigen Erfahrungen der Kinder stehen bleiben. Es lohnt sich deshalb, eine Geschichte oder ein Bilderbuch immer zuerst selbst zu prüfen, bevor man es den Kindern vorliest. Oft entscheidet der erste grafische Eindruck darüber, ob ein Buch angeschafft wird oder nicht. Schöne und ansprechende Bücher garantieren aber nicht unbedingt einen qualitativ guten Inhalt. In vielen Geschichten geht es beispielsweise um eine Handlung, die lediglich in der Weihnachtszeit spielt, aber gar nichts mit Weihnachten zu tun hat. Oft steht ein Brauchtum im Mittelpunkt wie Weihnachtgebäck, Wunschlisten, Tannenbäume oder das Festtagsessen, doch die Botschaft des Geschenks von Licht, Freude, Erlösung und Liebe kommt nicht vor. Viele Geschichten sind in ihrer Handlung spannend, entsprechen dem Zeitgeist und erzählen von stimmungsvollen Bräuchen. Doch ob es für ein Kind in der Geschichte tatsächlich einen Mehrwert im Sinn dieser Schatzkiste zu entdecken gibt, entscheidet sich erst bei genauerer Überprüfung. Natürlich kann in der Hektik des Alltags kaum jede einzelne Geschichte überprüft werden. Doch es lohnt sich, zumindest bei Neuanschaffungen mit einem kritischen Blick auszuwählen.

Jahr für Jahr bei den biblischen Weihnachtslegenden zu bleiben, hat für viele Menschen nichts mit Langeweile zu tun. Im Gegenteil. Sie werden von ihnen immer wieder anders und neu berührt. Aktuelle Lebensthemen scheinen sich jedes Jahr mit einem anderen Element der Geschichte zu verbinden oder in einer neuen Form des Brauchtums zu spiegeln.

Die Schatzkiste für die Weihnachtszeit zu öffnen, heisst, sich beim Lesen der Weihnachtsgeschichte in die einzelnen Figuren hineinzuversetzen. Wunderliches und Unmögliches nicht in ein Raster von Richtig und Falsch einzuordnen. Allgemeines zu Persönlichem zu erklären und die Dunkelheit und das Licht von damals auf die Dunkelheit und das Licht von heute zu übertragen. Biblische Sprache ist insbesondere mit Blick auf Legenden symbolische, religiöse Sprache. Im grossen Erzählbogen der beiden weihnächtlichen Gesamterzählungen nach Matthäus und Lukas geht es um das Geschenk eines Lichts in der Dunkelheit. Im Detail der je einzelnen Legenden wird Lesenden verraten, wie sich dieses Licht aufspüren und für das persönliche Leben konkret fruchtbar machen lässt.

Aus solcher Beschäftigung mit der symbolischen Sprachwelt der Bibel können konkrete Familienrituale, ein persönliches Brauchtum oder neue Gestaltungsweisen zu verschiedenen Elementen aus Kunst und Kultur entwickelt werden. So werden im Folgenden verschiedene Aspekte der Weihnachtsgeschichte näher beleuchtet und praxisnah konkretisiert.

« Jahr für Jahr bei den biblischen Weihnachtslegenden zu bleiben, hat für viele Menschen nichts mit Langeweile zu tun. Im Gegenteil. Sie werden von ihnen immer wieder anders und neu berührt. »

Lia, 8 Jahre

# Die Jungfrau Maria

Die Ankündigung einer jungfräulichen Empfängnis und die darauf tatsächlich eintretende Schwangerschaft ist als Wundergeschichte zu verstehen. Die «junge Frau», von der das hebräische Prophetenwort aus dem Alten Testament erzählt, sie werde den Messias zur Welt bringen, wurde seinerzeit bei der Aufnahme in die Weihnachtslegende des Neuen Testaments mit dem griechischen Wort für «Jungfrau» übersetzt. Der Bericht über das Leben Jesu sollte von Anfang an auf dessen wunderhafte, göttliche Herkunft verweisen. So geht bis heute eine grosse Faszination aus von dieser Jungfrau Maria. Einer jungen, gesellschaftlich bedeutungslosen Frau, die als Jüdin die Schwere und das Leid des Alltags unter römischer Besatzung kennt, geschieht wie aus heiterem Himmel etwas unvorstellbar Bedeutsames. Und dieses Bedeutsame wird durch die wissenschaftlich unmögliche Art und Weise seines Eintretens gar noch überhöht.

Ein Wunder, etwas Unvorstellbares wird hier nur deshalb Wirklichkeit, weil Maria ein besonderes Erlebnis, eine Engelsbegegnung, ernst nimmt. Weil Maria bereit ist, ihre Seele, ihr Herz zu öffnen für Geschehnisse, die mit ihrem Verstand nicht zu fassen sind. Sie öffnet sich der Möglichkeit, dass ihr mühseliges Leben doch noch anders verlaufen könnte. Sie lässt sich darauf ein, möglicherweise mit etwas ganz Besonderem und Einzigartigem beschenkt zu werden. Mit einem grossen Licht, das ihre langjährige Dunkelheit auf einmal zu erhellen vermag. Wunder geschehen nur dann, wenn überhaupt eine geöffnete Tür für sie bereitsteht.

Das Wunder der jähen Verwandlung einer unbedeutenden, armen, unterdrückten Frau in eine einzigartige, geachtete, bewunderte Verantwortungsträgerin erhält im Lukasevangelium gleich im Anschluss an die eigentliche

Und der Engel sagte zu ihr:
Fürchte dich nicht, Maria, denn
du hast Gnade gefunden bei Gott:
Du wirst schwanger werden und
einen Sohn gebären, und du sollst
ihm den Namen Jesus geben.
Dieser wird gross sein und Sohn
des Höchsten genannt werden,
und Gott, der Herr, wird ihm den
Thron seines Vaters David geben,
und er wird König sein über das
Haus Jakob in Ewigkeit, und seine
Herrschaft wird kein Ende haben.
Da sagte Maria zu dem Engel: Wie
soll das geschehen, da ich doch
von keinem Mann weiss? Und
der Engel antwortete ihr: Heiliger
Geist wird über dich kommen,
und Kraft des Höchsten wird dich
überschatten. Darum wird auch
das Heilige, das gezeugt wird,
Sohn Gottes genannt werden.
(Lukas 1,30–35)

Geburtserzählung Jesu nochmals besondere Beachtung. Maria singt als Dank für das Erlebte ein Loblied mit dem berühmten Namen «Magnificat». Der Liedtext bringt die geschehene Neuordnung von Werten zum Ausdruck. Unwichtiges ist plötzlich wichtig, Kleines ist gross, Ohnmächtige sind mächtig. Dunkles wird hell. Das Magnificat gilt als einer der revolutionärsten Texte der Bibel. Er wendet den Blick auf eine ganz und gar machtlose Frau, ohne die die Geburt des Erlösers aller Welt jedoch nie hätte stattfinden können. Bewusst schreibt die Autorschaft die allergrösste Macht einer Machtlosen zu.

Diese aussergewöhnliche Neuzuschreibung oder Umkehrung von Werten, wie sie bereits im Alten Testament ihren Anfang nimmt, beruht auf der klaren Abgrenzung einer jüdischen Volksgruppe von menschenverachtenden, gesellschaftlich vorherrschenden Wertevorstellungen. Dass die konsequente Achtung der allgemeinen Menschenwürde meist aufgrund herrschender Machtstrukturen kaum realisiert werden kann, dies wissen nicht erst aufgeklärte Menschen der Postmoderne. Dies wussten bereits dafür sensibilisierte Menschen in biblischer Zeit. Das Magnificat ist eines der konzentriertesten textlichen Zeugnisse dafür.

« Wunder geschehen nur dann, wenn überhaupt eine geöffnete Tür für sie bereitsteht. »

Kindern von Wundern zu erzählen, ist wichtig. Von Ereignissen, die es nach unserer üblichen Denkweise nicht geben kann. Denn wer nicht von Wundern hört, kann ihnen auch keine Tür öffnen.

Kinder betrachten bis ungefähr zum 10. Lebensjahr viele Symbole, Metaphern und Erzählungen von mythischen und fantastischen Figuren noch in einem ganz buchstäblichen Sinn. Sie gleichen dafür Gestalten, Gegenstände und Ereignisse aus unfassbaren Welten, von denen sie gehört, gelesen oder die sie in Filmen und Bilderbüchern gesehen haben, ab mit tatsächlichen Gegebenheiten, die sie in der Realität einordnen können. Kinder stellen dazu viele Vergleiche an, aus denen sie ständig neu ihre systematischen Schlüsse ziehen, wie etwas denn sein könnte oder müsste. Wenn sie aus dieser Entwicklungsphase austreten können mit der Erkenntnis, dass wundersame, unerklärliche Ereignisse nicht lediglich zur abgelegten kindlichen Fantasie, sondern ebenso zur tatsächlichen aktuellen Lebensrealität von Menschen gehören, so ist das ein grosser Gewinn. Eine solche Erkenntnis fördert eine positive und lösungsorientierte Lebenshaltung, die einen auch bei einem scheinbar aussichtslosen Problem weiter nach einer Lösung suchen lässt.

Dass die jungfräuliche Empfängnis überhaupt ein Wunder ist, verstehen Kinder dann, wenn sie wissen, dass es zum Kinderbekommen auch einen Mann braucht. Kleine Kinder können diesen Aspekt der Legende rund um die Geburtsankündigung gar nicht als Wunder erfassen. Beim Erzählen der Weihnachtsgeschichte kann man diesen Aspekt also getrost erst den grösseren Kindern vorbehalten. Für jüngere Kinder gibt es zahlreiche Bilderbücher oder nichtbiblische Weihnachtsgeschichten, die von vergleichbaren Wundern erzählen. Wählen Sie dabei nicht nur Geschichten, bei denen die Wunder erklärbar werden. Beispielsweise weil viele Menschen miteinander Dinge bewirken können, die jemand allein nicht kann. Sondern wählen sie echte unerklärliche Wunder, die bereits kleinere Kinder als solche erkennen können.

Mit der Jungfrau Maria als Sängerin des Magnificat kann Kindern nebst dem Vertrauen in Wunder auch eine gesunde Infragestellung von gängigen Werten mit auf den Weg gegeben werden. Anstatt mit dem moralischen Zeigefinger kann mit der Marienfigur erzählerisch auf den Wert von Kleinigkeiten und scheinbar unwichtigen Menschen und Lebewesen aufmerksam gemacht werden. Bei Bedarf auch auf die eigene Macht in einer machtlosen Situation.

*Krippenfiguren: Krippenfiguren in Kirchen, S. 122*
*Krippenfiguren: Quiz, Postenlauf & Co., S. 122*
*Barbarazweige, Menschenrechtstag und Sankt Luzia, S. 137*
*Weihnachtslieder, S. 127*

## Erzählkrippe

**Das Leben jeder einzelnen Figur, die in den biblischen Weihnachtslegenden vorkommt, macht ähnlich Marias Leben sichtbar, wie etwas Unmögliches möglich wird. Kinder können an diesen Wundergeschichten teilhaben, wenn beim Aufstellen der Krippenfiguren während der Adventszeit davon erzählt wird. Für kleinere Kinder können Sie als Erzählende sich auch selbst in die Figuren hineinversetzen und in der direkten Ich-Form erzählen. Also beispielsweise: «Ich heisse Maria, Ich habe etwas erlebt, das sicher noch niemand anders erlebt hat ...»**

## Maria

Diese Frau heisst Maria. Sie hat etwas erlebt, das noch keine andere Frau je erlebt hat: in ihrem Bauch begann ein Kindlein zu wachsen, obwohl sie noch mit keinem Mann zusammen war. Sie wusste, dass das ein ganz besonderes Kind sein musste. Und dieses Wissen gab ihr den Mut, mit ihrem runden Bauch auch unter die Leute im Dorf zu gehen. Denn die Leute verachteten damals Frauen ohne Mann, die ein Kind bekamen. Ihr unerklärlicher Bauch erfüllte Maria mit einem ganz besonderen Gefühl von Freude und Stärke. Früher war sie eine arme, junge Frau wie ihre Freundinnen auch. Nun wurde sie zu einer besonderen Frau, die ein Wunder in sich trug. Als das Kind dann zur Welt kam, freute sie sich sehr und fühlte sich noch stärker.

## Josef

Dieser Mann heisst Josef. Er war in einer schwierigen Situation. Er sollte die junge Maria heiraten, doch diese hatte ein Kindlein im Bauch, das nicht von ihm sein konnte. Er wusste und spürte es: Die Menschen im Dorf spotteten insgeheim schon über ihn und Maria. Es war ihm sehr unangenehm, und die Hochzeit abzusagen fiel ihm schwer. In dieser ausweglosen Situation erlebte Josef ein Wunder. In der Nacht begegnete ihm ein Engel und wies ihn an, nicht auf die Leute, sondern auf sein Herz zu hören. Josef bekam den nötigen Mut, sich gegen die Meinung der Leute zu stellen und sich tatsächlich für die schwangere Maria zu entscheiden. Denn er bewunderte deren geheimnisvolle Freude und Stärke. Josef verstand nicht, wie er dies schaffte. Der Engel hatte ihm wohl den nötigen Mut dazu geschenkt. Ein Wunder!

## Die Hirten

Die Hirten hatten kein einfaches Leben. Tag und Nacht lebten sie draussen auf den Feldern, waren in ständiger Angst vor wilden Tieren und weil sie sich nicht waschen konnten, stanken sie wie ihre Schafe. Die Menschen im Dorf wollten nichts mit ihnen zu tun haben. Das machte sie traurig. Doch eines Nachts erlebten alle Hirten gemeinsam zur selben Zeit ein Wunder. Alles um sie herum wurde hell, sie hörten fröhliches Singen und sie wurden durch eine geheimnisvolle Stimme zum neugeborenen Kind von Maria geführt. Dort füllten sich ihre düsteren Herzen mit Freude, mit Frieden und Liebe. Dieses Erlebnis war für sie alle der Beginn einer neuen Zeit mit viel weniger Angst und Trauer. Wie durch ein Wunder bereitete ihnen ihr abgeschiedenes Hirtenleben von da an richtig Freude.

## Die Sterndeuter

Diese Männer, die aussehen wie Könige, hatten in ihrem fernen Heimatland Nacht für Nacht die Sterne beobachtet. Da sie aber nie einen besonderen oder neuen Stern entdeckten, hatten sie keine Freude mehr an ihrer Arbeit. Sie verloren die Hoffnung und empfanden ihre Arbeit zunehmend als langweilig. Doch wie durch ein Wunder konnten sie plötzlich nach langer Zeit endlich etwas sehen, das sie neugierig machte. Ihre Hoffnung auf eine besondere Entdeckung liess sie alles hinter sich lassen und diesem geheimnisvollen Etwas folgen. Es entpuppte sich als ein besonderer Stern, der genau über dem Städtchen Betlehem stand. Als die Sterndeuter ihm folgten und schliesslich das neugeborene Kind von Maria fanden, bekam ihr Leben plötzlich wieder Sinn. Der Stern vertrieb ihre Langeweile und schenkte ihnen neue Freude.

## Marienfiguren vergleichen

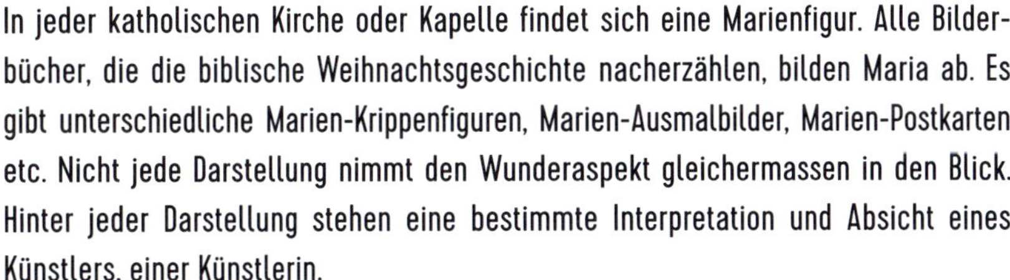
In jeder katholischen Kirche oder Kapelle findet sich eine Marienfigur. Alle Bilderbücher, die die biblische Weihnachtsgeschichte nacherzählen, bilden Maria ab. Es gibt unterschiedliche Marien-Krippenfiguren, Marien-Ausmalbilder, Marien-Postkarten etc. Nicht jede Darstellung nimmt den Wunderaspekt gleichermassen in den Blick. Hinter jeder Darstellung stehen eine bestimmte Interpretation und Absicht eines Künstlers, einer Künstlerin.

Spüren Sie gemeinsam mit den Kindern die verschiedenen Darstellungsweisen auf. Stellen Sie sich bei der Betrachtung von Marienfiguren Fragen wie folgende:

- Sieht sie fröhlich aus?
- Bedrückt sie wohl etwas? Und was könnte das sein?
- Wie alt ist sie?
- Ist sie arm oder reich?
- Warum hat sie eine Krone auf dem Kopf?
- Ist sie wohl eine strenge Mutter?
- Möchtest du, möchte ich ihr Kind sein?
- Hat sie Angst? Vor was?
- Sollen wir uns die Maria aus der Weihnachtsgeschichte so vorstellen?
- Wie sieht mein Bild von Maria aus?

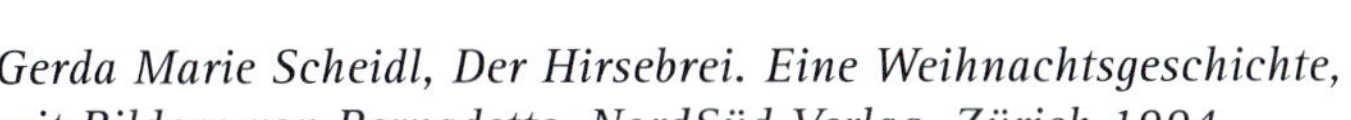
*Gerda Marie Scheidl, Der Hirsebrei. Eine Weihnachtsgeschichte, mit Bildern von Bernadette, NordSüd Verlag, Zürich 1994.*

Elli, 5 Jahre

# Engel und ihre Botschaften

Engel haben in der Weihnachtsgeschichte eine tragende Rolle. Oft treten sie in der Funktion von Boten Gottes auf. Sie begegnen den Menschen in ihrer Dunkelheit und verkündigen ihnen wegweisende Worte des Lichts.

Ein Engel bewahrt nicht nur Josef davor, sich aus gesellschaftlichen Gründen von Maria abzuwenden. Dank Engeln erkennen auch die rauen, von den Leuten gemiedenen Hirten ihre selbstverständliche Zugehörigkeit zu einer von Liebe geprägten Gemeinschaft. Durch einen Engel verwandelt Gott die unbedeutende Maria in eine besondere Frau. Dank eines Engels verraten die Sterndeuter aus dem Morgenland den Geburtsort Jesu nicht an den herrschsüchtigen König Herodes. Ein Engel weist die junge Familie in ihrer unsicheren Lebenslage schliesslich an, aus Betlehem nach Ägypten zu fliehen. Ohne die Engel wäre die Weihnachtsgeschichte wohl kaum gut ausgegangen.

Biblische Engel stehen symbolisch für besondere religiöse Erfahrungen: tiefe, persönlichkeitsbildende, existenzielle, bewegende Erfahrungen. Und zwar immer mit richtungsweisendem Charakter. Die Engel in ihrer speziellen Funktion als Boten Gottes zeigen die Herkunft dieser religiösen Erfahrungen auf. Nicht wir Menschen schicken mit Engeln Botschaften in die Welt des Göttlichen, sondern das Göttliche wendet sich uns Menschen zu. Engelserfahrungen sind für uns also Geschenke. Es sind wegweisende Erfahrungen, die wir nicht bewusst selbst herbeirufen, sondern die uns «einfach so» ereilen.

An Engel glauben heisst nicht unbedingt, an die Existenz geflügelter Wesen zu glauben. An Engel glauben drückt vielmehr ein Vertrauen aus, dass einem Flügel überhaupt geschenkt werden können. Flügel, um aus dem Alltag hinaus in eine tiefere Daseinsdimension hineinzufliegen.

Josef, ihr Mann, der gerecht war und sie nicht blossstellen wollte, erwog, sie in aller Stille zu entlassen. Während er noch darüber nachdachte, da erschien ihm ein Engel des Herrn im Traum und sprach: Josef, Sohn Davids, fürchte dich nicht, Maria, deine Frau, zu dir zu nehmen, denn was sie empfangen hat, ist vom heiligen Geist. (Matthäus 1,19–20)

Wie auch immer weihnächtliche Gestaltungselemente in Ihren Familienalltag oder in eine Kinderveranstaltung eingebettet werden, achten Sie darauf, dass ihnen eine gewisse Besonderheit, eine Art Geheimnischarakter beigemessen wird. Für Kinder ist es nicht einfach, im lauten und spannenden Alltag besinnlich oder gar meditativ zu werden, um in der Stille solche bewegenden Erfahrungen zuzulassen. Eine dafür notwendige Haltung lässt sich allerdings sehr wohl fördern. Vielleicht wird die Weihnachtsgeschichte immer unter einem grossen aufgehängten Engel erzählt. Oder es steht eine Engelsfigur zur Verfügung, die für besondere Erlebnisse in dieser Zeit auf den Adventskranz gesetzt werden kann. Beispielsweise wenn ein Kind mit einem Freund nach einem Streit Frieden geschlossen hat, unerwartet zu einer Party eingeladen wurde oder eine spezielle Weihnachtskarte erhalten hat. Engel stehen für aussergewöhnliche Erfahrungen, die guttun. Und sie sind symbolisch dafür da, dass Kinder und Erwachsene diese Erfahrungen auch wahrnehmen und wertschätzen. Oft entwickelt sich das Bewusstsein für solche Erfahrungen während intensiven, kreativen und künstlerischen Arbeitsphasen. Engel sind ideale Motive für kreative Stunden.

## Engel-Ausmal-Adventskalender

Suchen Sie 24 verschiedene Malvorlagen oder Mandalas mit einem Engelmotiv. Jeden Tag können Kinder die Engel in einer ruhigen Minute, vielleicht abends vor dem Zubettgehen mit etwas Weihnachtsmusik im Hintergrund ausmalen. Am Ende ergibt sich eine schöne Engelsammlung.

## Engelskulptur

Gestaltungsanleitungen für Engelsfiguren gibt es unzählige. Wählen Sie eine dem Alter der Kinder entsprechende Technik und gestalten Sie gemeinsam zum ersten Adventssonntag einen Engel für besondere Momente. Legen Sie gemeinsam mit den Kindern fest, wo der Engel aufgehängt bzw. aufgestellt und zu welchen Anlässen er seine Einsätze haben wird.

## Weihnachtspost

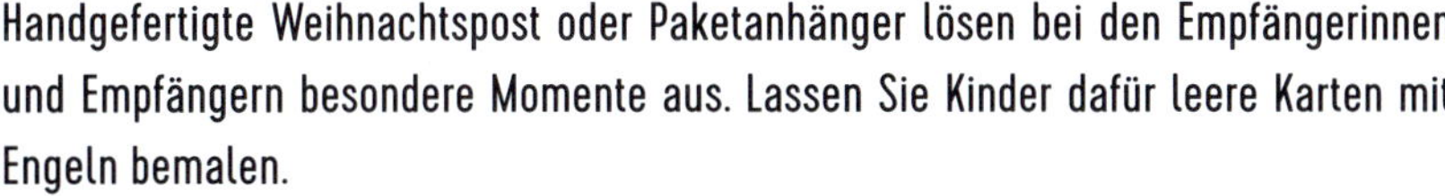

Handgefertigte Weihnachtspost oder Paketanhänger lösen bei den Empfängerinnen und Empfängern besondere Momente aus. Lassen Sie Kinder dafür leere Karten mit Engeln bemalen.

## Engelsprüche

Weisheitliche Sprüche laden dazu ein, mit Kindern über existenzielle Lebenserfahrungen ins Gespräch zu kommen: Als Tagesabschluss anstatt einer Geschichte, als Handlettering-Vorlage für Weihnachtskarten, als Impuls beim Entzünden der Adventskerzen, als ...

- «Das Leben ist eine Wundertüte. Warum sollte nicht auch mal ein Engel darin sein?» (Dorothea Walther)
- «Wie viele Engel gibt es? Einer, der unser Leben verändert, genügt.» (Sprichwort)
- «Mensch, lerne tanzen, sonst wissen die Engel im Himmel nichts mit dir anzufangen!» (Augustinus)
- «Was ist die Weisheit eines Buches gegen die Weisheit eines Engels?» (Friedrich Hölderlin)
- «Nicht jeder, der von einem Engel erleuchtet wird, erkennt, dass er von einem Engel erleuchtet wird.» (Thomas von Aquin)
- «Ein Engel ist nichts anderes als die Idee Gottes.» (Meister Eckhart)
- «Ein Engel ist jemand, den Gott dir ins Leben schickt, unerwartet und unverdient. Damit er dir, wenn es ganz dunkel ist, ein paar Sterne anzündet.» (Phil Bosmans)
- «Ich bin überzeugt, dass der liebe Gott die Vögel gernhat, sonst hätte er ihnen nicht das gleiche Flügelpaar verliehen, das er seinen Engeln gab.» (Axel Munthe)

> « An Engel glauben heisst nicht unbedingt, an die Existenz geflügelter Wesen zu glauben. An Engel glauben drückt vielmehr ein Vertrauen aus, dass einem Flügel überhaupt geschenkt werden können. »

Aline, 11 Jahre

# «Fürchte dich nicht!»

Da sagte der Engel zu ihnen: Fürchtet euch nicht! Denn seht, ich verkündige euch grosse Freude, die allem Volk widerfahren wird. (Lukas 2,10)

Mit den drei Worten «Fürchtet euch nicht!» bzw. «Fürchte dich nicht!» leiten die Engel des Lukasevangeliums ihre Frohbotschaft an die Hirten und an die Jungfrau Maria ein. Doch bereits im Alten Testament spielt dieser Zuspruch in vielen Dialogen zwischen Gott und den Menschen eine zentrale Rolle. Es handelt sich gewissermassen um eine der vielen Möglichkeiten, die biblische Botschaft in eine sprachliche Kurzform zu setzen: Wer sich von existenziellen, geheimnisvoll stärkenden und richtungsweisenden Erfahrungen bewegen lässt, hat nichts zu befürchten.

Zu Recht drängt sich allerdings der Einwand auf, dass kein Mensch selbst über die eigene Furcht verfügen kann. Ob ich mich fürchte oder nicht, kann ich nicht selbst steuern. Deshalb nützt auch der Zuspruch «Fürchte dich nicht!» im Grunde genommen nichts. Dieser Umstand wiederum zeigt, dass es sich bei diesen drei Worten kaum nur um einen einfachen Zuspruch handeln kann. Vielmehr geht es wohl um den Versuch, eine positive Lebenshaltung zu formulieren, die geschenkt bekommt, wer sie denn geschenkt bekommen will. «Fürchte dich nicht!» fordert zum Versuch und zur Übung auf, sich nicht fürchten zu wollen. Also stets jene Lebensweise zu suchen, die es ermöglicht, ohne Furcht durchs Leben gehen zu können. Das ist Aufgabe, zugleich aber auch Geschenk.

Es ist diejenige Aufgabe, der sich viele der grossen biblischen Figuren gestellt haben: Abraham, König David, der Prophet Jesaja, der erwachsene Jesus von Nazaret und weitere Personen, die in seiner Nachfolge lebten. Und alle haben sie tatsächlich das Geschenk der Furchtlosigkeit erhalten. «Fürchte dich nicht!» zieht sich wie ein unsichtbarer Wegweiser durch sämtliche biblische Geschichten hindurch. An diesem Wegweiser orientieren sich die Menschen, von denen darin berichtet wird. Leidenschaftlich und hartnäckig suchen sie nach einem Leben in Furchtlosigkeit. Sie finden es, indem sie konsequent dem Wegweiser folgen.

Unsichtbar wie er ist, wird er lediglich von jenen Menschen entdeckt, die ihn überhaupt erwarten. Die mit seinem «sich an den Wegrand stellen» überhaupt rechnen. Das heisst: Es muss auch davon erzählt werden! Jemand muss von der Existenz dieses Wegweisers berichten. Eben zum Beispiel in der Advents- und Weihnachtszeit Eltern und Bezugspersonen von Kindern mit der biblischen Weihnachtsgeschichte.

Wiederholungen und Wiedererkennungseffekte sind mit Blick auf Lern- und Verstehensprozesse wichtig und förderlich. Zeigen Sie den Ihnen anvertrauten Kindern so viele Wegweiser in Richtung Furchtlosigkeit auf, wie Sie nur kennen. Mit Geschichten aus der Bibel. Mit Heldengeschichten aus der Kinder- und Jugendliteratur wie dem klassischen Kasperli oder der Pippi Langstrumpf von Astrid Lindgren. Mit kindgerechten Erzählungen über «Heilige», beispielsweise Franziskus von Assisi oder Hildegard von Bingen. Auch mit Biografien von Menschen aus unserer jüngeren Menschheitsgeschichte: Martin Luther King, Henry Dunant oder Mutter Theresa. Die Geschichten von König David (1Sam 16 bis 1Kön 2) oder Ausschnitte aus dem Buch des Propheten Jesaja (Jes 7, 9, 11, 43, 60) bieten besonders viele Wiedererkennungseffekte für das biblische «Fürchte dich nicht!» an.

## Adventskalenderbuch «Fürchte dich nicht!»

Im Buchhandel gibt es fertige literarische Adventskalender, die mit einer zusammenhängenden Erzählung oder einzelnen kurzen Geschichten durch die Adventszeit führen. Achten Sie bei der Auswahl allerdings gut auf die Altersstufe und die tatsächliche Botschaft, die hinter den Erzählungen steht. Für ältere Kinder sind die verschiedenen Detektiv-Adventsausgaben (Drei Fragezeichen, Fünf Freunde …) empfehlenswert: selbstsichere, furchtlose Figuren lösen auf spannende Weise scheinbar unmögliche Aufgaben und motivieren die Lesenden dazu, dasselbe zu tun.

## Furchtlose Helden ausmalen

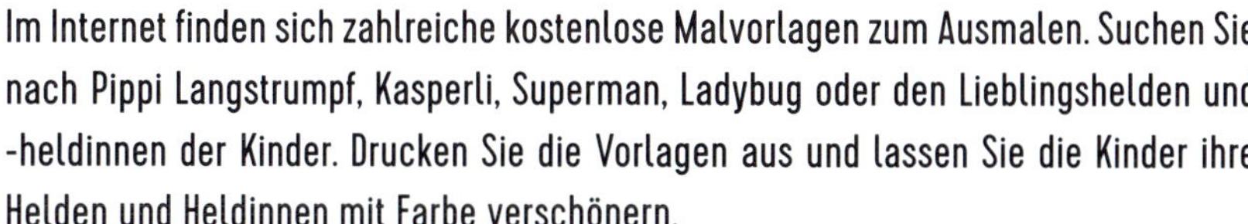

Im Internet finden sich zahlreiche kostenlose Malvorlagen zum Ausmalen. Suchen Sie nach Pippi Langstrumpf, Kasperli, Superman, Ladybug oder den Lieblingshelden und -heldinnen der Kinder. Drucken Sie die Vorlagen aus und lassen Sie die Kinder ihre Helden und Heldinnen mit Farbe verschönern.

## Wegweiser-Notvorrat

Die folgenden vier Nacherzählungen von biblischen «Fürchte dich nicht!»-Geschichten lassen sich einfach auf einen grossen Wegweiser aus Karton kopieren, abschreiben oder aufkleben. Verbinden Sie das Abgeben der Wegweiser an die Kinder entweder mit Adventskalender oder Adventskranz. Lesen Sie die Geschichte vor und beraten Sie gemeinsam, bei welchen Gelegenheiten dieser Wegweiser auch unter dem Jahr wieder vor die Tür gestellt werden kann. Die Seesturm-Geschichte führt beispielsweise nicht nur durch Gewitter, sondern auch durch Streit, lange Krankheit oder andere menschliche Stürme.

## David und Goliat (nach 1. Samuel 17,1–50)

Eines Tages brach ein Krieg
mit den Philistern aus.
Die Philister waren ein mächtiges Volk,
viel mächtiger als die Israeliten.
Sie hatten starke Soldaten
mit blitzenden Waffen
und rückten mit einem gewaltigen Heer
gegen die Israeliten vor.

Da sammelte Saul sofort
alle Israeliten um sich
und zog mit ihnen gegen die Philister.
In einem Tal trafen
beide Heere aufeinander.
Die Israeliten errichteten ihr Lager
auf der einen Seite des Tals.
Die Philister hatten ihr Lager
auf der anderen Seite.

Unter den Philistern aber war ein Soldat,
der hieß Goliat.
Er war so groß wie ein Baum
und so stark wie ein Löwe,
größer und stärker
als alle anderen Philister.
Er trug einen schweren Panzer
und einen blitzenden Helm.
An seiner Hüfte hing
ein riesiges, scharfes Schwert.
Und auf seiner Schulter
trug er einen Wurfspeer,
der war so lang wie ein Baum.

Jeden Tag stellte sich Goliat
vor das Lager der Philister
und rief zu den Israeliten hinüber:
«Wer von euch wagt es,
mit mir zu kämpfen?

Ha! Ihr Feiglinge!
Ihr wagt es ja nicht.
Ich bin viel stärker als ihr.»
Dazu fluchte er laut
und lachte aus vollem Hals,
sodass es durch das ganze Tal dröhnte.

Jeden Tag kam Goliat,
morgens und abends.
Und jeden Tag rief er dasselbe,
fluchte und höhnte.
Und jedes Mal zitterten
die Israeliten vor Angst,
wenn sie ihn kommen sahen.
Keiner wagte, mit ihm zu kämpfen.
Nicht einmal Saul wagte es,
auch nicht Jonatan, sein tapferer Sohn.

So vergingen viele Tage.
Da kam David zum Heerlager,
um nach seinen Brüdern zu schauen.
Als er bei dem Heer ankam,
stand gerade wieder Goliat
auf dem Hügel,
breitbeinig und riesig.
«Ihr Feiglinge!», schrie Goliat
zu den Israeliten herüber.
«Kommt doch und kämpft mit mir!
Warum traut ihr euch nicht?
Hilft euch euer Gott nicht mehr?»

Als David das hörte, wurde er zornig.
Wie? Goliat machte sich
über Gott lustig?
Gab es denn keinen,
der ihm widersprach?
Nein, alle zitterten vor ihm
und flohen, wenn sie ihn sahen.

«Und wenn ich mit ihm kämpfe?»,
fragte David die anderen.
«Dann macht dich der König reich
und gibt dir seine Tochter zur Frau.»
Doch Eliab, Davids ältester Bruder,
rief zornig: «Was fällt dir ein?
Warum bist du überhaupt hier?
Ich kenne dich gut.
Du machst dich nur wichtig.»
Aber David gab nicht auf:
«Und wenn ich doch mit ihm kämpfe?»

Da führten sie David zu Saul.
Der saß in seinem Zelt
und ließ den Kopf hängen.
«Nur Mut!», rief David ihm zu.
«Ich will mit Goliat kämpfen.»

Aber Saul sah David ungläubig an.
«Unmöglich!», rief er.
«Du bist viel zu jung.
Goliat ist ein starker Soldat.
Keiner kann so gut kämpfen wie er.»
Doch David antwortete:
«Ich habe schon
mit Löwen und Bären gekämpft.
Ich habe keine Angst
vor diesem Philister.
Gott wird mir helfen.»

«Dann geh!», sagte Saul.
«Gott helfe dir!»
Und er gab David seine Rüstung,
setzte ihm seinen Helm auf den Kopf
und reichte ihm sein Schwert.
Aber das Schwert war viel zu groß.
Und der Panzer war viel zu schwer.
David konnte darin nicht gehen.

Er zog den Panzer wieder aus,
setzte den Helm ab
und gab das Schwert zurück.

Dann nahm er seinen Hirtenstab
und seine Steinschleuder,
ging hinunter zum Bach,
suchte sich fünf glatte Steine
und steckte sie in seine Tasche.
So lief er Goliat entgegen.

Als aber Goliat ihn kommen sah,
lachte er laut, fluchte und rief:
«Was willst du hier, du Wicht?
Nicht einmal ein Schwert
hast du bei dir.
Nur einen Stock!
Willst du mich etwa
mit dem Stock jagen
wie einen Hund?
Komm nur her, Bürschchen!
Dir werde ich's zeigen!
Bei Gott, dich schlag ich tot!
Die wilden Tiere sollen dich fressen.»

Goliat schrie furchtbar.
Alle zitterten, als sie ihn hörten.
Doch David blieb ruhig.
Er ging auf Goliat zu
und rief ihm entgegen:
«Du kommst zu mir
mit Schwert, Lanze und Speer.
Aber ich komme zu dir
im Namen des starken Gottes,
den du verhöhnt hast.»

Blitzschnell holte er
einen Stein aus der Tasche,
legte ihn in seine Schleuder –
und schon sauste der Stein durch die Luft
und traf den Riesen an seiner Stirn.
Goliat schwankte, stürzte
und schlug mit dem Kopf
auf die Erde.

Da lag er nun,
der riesige Goliat,
und rührte sich nicht.
David aber lief schnell zu ihm hin,
packte sein großes Schwert
und hieb ihm den Kopf ab.

Als die Philister das sahen,
flohen sie alle, so schnell sie konnten.
Aber die Israeliten jagten ihnen nach
bis über die Grenze.

Da war der Jubel groß
bei allen Israeliten.
Fröhlich kehrten sie heim
und erzählten allen,
was Gott durch David getan hatte.

*1. Samuel 17*

*Aus: Irmgard Weth, Neukirchener Kinderbibel, Illustriert von Kees de Kort, Neukirchener Kalenderverlag, Neukirchen-Vluyn [20]2020.*

## «Fürchte dich nicht!» (nach Jesaja 43,1–7)

Voller Furcht wendet sich der König Israels an diesem Tag schon vor dem Morgenessen an seinen Hofpropheten: «Was soll ich tun, lieber Jesaja? Wir leben in einer gefährlichen Zeit. Der mächtige König von Babylon steht kurz davor, unser Land anzugreifen. Ich habe Angst um unser Land und unser Leben.»

Der König Israels ist froh, Jesaja an seinem Hof zu haben. Als Prophet kennt sich dieser bestens aus mit allerlei Lebensgefahren. Seine prophetische Arbeit besteht darin, sich täglich in seine stille Kammer zurückzuziehen, in sein Herz zu horchen und die richtungsweisende und helfende Stimme Gottes aus vielen anderen Stimmen herauszuhören. Gott verrät Jesaja jeden Tag, was tröstet, wenn jemand traurig ist, was aufrichtet, wenn jemand beleidigt wurde, was zu tun ist, wenn kein Geld mehr da ist, oder im aktuellen Fall: wie jemand seine Angst überwinden kann.

Heute hat Jesaja dem König beim Morgenessen besonders viel zu erzählen: «Fürchte dich nicht!», sagt er zu ihm, während er süssen Honig auf ein Stück Brot streicht. «Schon viele Menschen vor dir haben dank ihres Vertrauens auf Gott ihre Angst überwunden und Wege aus bedrohlichen Situationen gefunden. Auch du wirst einen Weg finden! Denke nur an Moses, der so viele Leute über das grosse, unüberquerbar scheinende Meer geführt hat. Oder denke an deinen Vorgänger, König David, der als kleiner Junge mit einer Steinschleuder den gefürchteten, unbesiegbar scheinenden Krieger Goliat besiegt hat. Die Menschen dieses Landes Israel konnten dank Männern und Frauen, die wie Mose und David und wie du auf die Kraft Gottes zählen, bisher noch nie vernichtet werden. So wird dies auch dem mächtigen König von Babylon jetzt dank dir nicht gelingen. Fürchte dich nicht! Konzentriere dich auf die Möglichkeiten, dein Volk zu retten, nicht auf deine Angst und darauf, was deine Krieger alles nicht können!»

Jesaja hätte sicherlich noch lange weitergeredet und sich währenddessen noch viele weitere Honigbrote gestrichen. Doch plötzlich während des Zuhörens – wie durch ein Wunder – wird dem König Israels klar, was er tun muss. Die Angst fliegt weg und voller Tatendrang sieht er die richtige Kriegstaktik genau vor seinem inneren Auge. Genüsslich nimmt er noch einen grossen Schluck Milch, bedankt sich herzlich bei Jesaja für seine Worte und begibt sich guten Mutes in sein Regierungszimmer.

Schon am Tag darauf wird weitherum von einem Sieg Babylons über Israel berichtet. Dass das babylonische Heer unbesiegbar ist, war vorauszusehen. War es doch schon immer mehr als doppelt so mächtig wie das israelitische. Dennoch: die Geschichte der Israeliten geht trotz kriegerischer Niederlage weiter. Das Volk Israel lebt weiter. Die Geschichte von Menschen, die immer wieder genug stark und fähig sind, ihre Angst zu überwinden, strahlt in die ganze Welt hinaus. Alle können es sehen:

Wer sich an der rettenden und wegweisenden Stimme Gottes orientiert, hat nichts zu befürchten. Kein König der Welt kann diese Menschen mit ihrer Hoffnungsgeschichte vernichten. Denn diese Menschen hören jeden Tag in ihrem Herzen die Stimme Gottes, die sagt: «Fürchte dich nicht!»

## Die Hirten auf den Feldern Betlehems (nach Lukas 2,8–20)

In der Nacht, als Jesus zur Welt kam, hüteten Hirten ihre Schafe auf dem Feld. Sie spürten die Kälte der Nacht bis in ihre Knochen, sie hatten Hunger, und sie hatten ständig Angst vor wilden Tieren, die die Schafe fressen könnten.

Die Menschen in den Dörfern wollten nichts mit den Hirten zu tun haben. «Hirten stinken!», sagten sie. Deshalb blieben die Hirten lieber auf den Feldern draussen und träumten von einem leichteren Leben. Sie träumten vor allem davon, bei den Menschen der Dörfer von Herzen willkommen zu sein.

Plötzlich in dieser Nacht sahen die Hirten ein helles Licht. Die Angst packte sie, denn sie wussten nicht, woher dieses Leuchten kam. Da sahen sie einen Engel aus dem Licht hervortreten. Der sagte zu ihnen: «Habt keine Angst! Ich erzähle euch eine grosse Freude. Heute wurde in Betlehem ein neuer König geboren. Ein kleines Kind, das die Menschen froh machen wird.»

Es gab sogar Hirten, die meinten, ein Singen und Klingen vom Himmel her zu hören, bis das Leuchten ganz am Nachthimmel verschwunden war. Ihnen allen war klar, dass sie soeben ein Wunder erlebt hatten. Schnell trieben sie ihre Schafe zusammen und machten sich auf den Weg nach Betlehem. Ein kleines Kind, das sie aus ihrem freudlosen Leben retten könnte, das wollten sie unbedingt sehen. Bei der Futterkrippe in Betlehem angekommen, spürten die Hirten sofort, wie ihnen warm ums Herz wurde. Sie betrachteten liebevoll das kleine Kindlein. Es schenkte ihnen Freude und stimmte sie friedlich. Sie erzählten Maria und Josef, was sie draussen auf dem Feld erlebt hatten.

« ‹Fürchte dich nicht!› zieht sich wie ein unsichtbarer Wegweiser durch sämtliche biblische Geschichten hindurch. »

## Der Seesturm (nach Markus 4,35–41)

Wieder warten viele Menschen auf Jesus. «Seht, da kommt ein Schiff», rufen die Kinder. «Wir kennen es – er kommt von der anderen Seite des Sees!» Doch die Erwachsenen schütteln den Kopf. «Sehen nicht alle unsere Segelboote gleich aus?» Doch die Kinder, die ganz vorn auf der Hafenmauer stehen, sind sicher. «Ich erkenne Petrus!» – «Ich erkenne Johannes!» – «Sicher, wir sehen seine Jünger!», rufen sie laut in die Gassen des Städtchens hinauf. Und nun sind plötzlich viele Menschen da: Männer, Frauen und Kinder. «Welcher ist Jesus? Ich möchte ihn sehen!» – «Fallt nicht ins Wasser!» – «Was ist hier eigentlich los?» So schreien sie durcheinander.

Die Männer steigen aus. Sie werden umringt. «Was ist geschehen? Ihr seid ganz weiss im Gesicht! Seid ihr seekrank geworden?» Stockend erzählen die Jünger: «Es war entsetzlich. Wir sind in einen gewaltigen Sturm geraten. Hohe Wellen wie Berge. Auf und ab ging unser Boot. Und Wasser spritzte hinein. Das Wasser blieb im Boot liegen, und das Boot wurde geschüttelt wie bei einem Erdbeben.»

Ein Fischer beugt sich über die Hafenmauer. Ja, da ist immer noch Wasser im Schiff! «Aber ihr seit trotzdem gut an Land gekommen, zum Glück!» Die Jünger nicken eifrig; sie sind froh, auch wenn ihre Gesichter immer noch bleich sind. Und sie erzählen weiter: «Ja. Als der Sturm stärker und stärker tobte, entdeckten wir, dass Jesus ruhig schlief. Einfach schlief. Ganz hinten im Schiff, auf einem Kissen. Wir rüttelten ihn wach und schrien in sein Ohr: Herr, hilf doch, hilf doch! Siehst du es nicht? Wir gehen unter! Endlich erwachte Jesus. Er stand auf im schwankenden Schiff. Er streckte die Hände aus gegen den Wind. Und er rief den mächtigen Wellen zu: Hört auf, seid still! Da wurde der See glatt. Das Schiff schwankte nicht mehr, ganz plötzlich. Jesus sah uns an und sagte: Warum habt ihr denn Angst? Habt ihr vergessen, dass ich bei euch bin? Ihr wisst doch, dass Gott, mein Vater, stärker ist als Wind und Wetter.» Hier hören die bleichen Jünger mit ihrer Erzählung auf. Sie schauen zu Boden.

Einige Männer und Frauen im Hafen haben gut zugehört. Sie fragen zuerst leise, dann immer lauter: «Wer ist eigentlich dieser Jesus, dass Wind und Wellen ihm gehorchen?» Sie schauen sich um. Ein der Gassen ist voller Menschen. Ja, dort ist Jesus. Auch die Jünger folgen ihrem Meister.

*Ein Herr gegen die Angst, aus: Regine Schindler, Mit Gott unterwegs, Die Bibel für Kinder und Erwachsene neu erzählt, mit Illustrationen von Zavrel Stepan, Bohem Press, Affoltern a.A. 2014. © Mit Gott unterwegs, Bohem Verlag 2014.*

## «Ist nichts – macht nichts!»

Mit einer furchtlosen Haltung durchs Leben zu gehen, bewahrt nicht vor Situationen, die schlecht enden. Geht ein Kind nach einem Wohnortwechsel zuversichtlich in eine neue Schulklasse, kann es dennoch sein, dass es dort nicht willkommen geheissen wird. Nimmt es eine Matheprüfung gelassen in Angriff, kann die Benotung dennoch schlecht ausgehen. Als Bezugspersonen können Sie die positive Haltung des Kinds in solchen Momenten bewahren und stärken, indem Sie ihm helfen, eine symbolische Trennlinie zu ziehen: Es gibt das, was war, und es gibt das, was kommen wird. Der Misserfolg des Vergangenen soll den möglichen Erfolg des Kommenden nicht negativ beeinflussen. Führen Sie mit dem Kind in der Adventszeit im Zusammenhang mit den «Fürchte dich nicht»-Engelssprüchen ein starkes Trennsymbol oder -ritual ein. Beispielsweise wie folgt:

- Geben Sie einander die Hände und singen Sie mit dem Kind das Engelslied «Ehre sei Gott in der Höhe» (Siehe S. 132)
- Erstellen Sie einen Karton-Wegweiser, auf dem der Leitsatz «Fürchte dich nicht!» steht. Stellen Sie ihn vor die Haustür und rennen Sie mit dem Kind dreimal in der Pfeilrichtung ums Haus herum.
- Sagen Sie gemeinsam mit dem Kind dreimal laut «Ist nichts – macht nichts!»
- Schenken Sie dem Kind einen Segen für seinen kommenden Weg. Beispielsweise mit folgenden Worten: «Vergangenes mögest du vergessen, mit neuem Mut gesegnet sein. Amen.» Benetzen Sie dazu die Stirn des Kindes mit etwas Wasser.
- Stellen Sie einen Engel – beispielsweise aus der Gruppe der Krippenfiguren – für eine Nacht neben das Bett des Kindes und ergänzen Sie den Gutenachtkuss mit den Worten «Fürchte dich nicht!»

*Brigitte Weninger, Ich habe ein Licht und fürchte mich nicht!, mit Illustrationen von Laura Bednarski, Annette Betz Verlag, Berlin 2019.*

*Adventskalender:*
*Geschichten-Adventskalender «Fürchte dich nicht!», S. 112*

Jana, 11 Jahre

# Kein Platz in der Herberge

Und sie gebar ihren ersten Sohn und wickelte ihn in Windeln und legte ihn in eine Futterkrippe, denn in der Herberge war kein Platz für sie. (Lukas 2,7)

Keinen Platz in einer Herberge zu finden, ist eine Grunderfahrung, die wohl jeder Mensch im Lauf seines Lebens schon einmal gemacht hat oder noch machen wird. Von niemandem verstanden zu werden, mit niemandem eine Herzensangelegenheit teilen zu können, nirgends dazuzugehören, von niemandem auf dem Weg begleitet zu werden. Solche Erfahrungen der Schutzlosigkeit, sozialen, psychischen und physischen Unsicherheit umschreiben das, was in der Weihnachtslegende durch Maria und Josef zum Ausdruck gebracht wird.

Sich sicher zu fühlen, ist eine Lebensqualität, die die Mehrheit der Menschen zur Zeit Jesu kaum je hatte. Das Leben der normalen bäuerlichen Bevölkerung Palästinas war von Armut, Hunger und vielen Abhängigkeiten geprägt, da die Menschen von den wenigen täglichen Einkünften, die sie erwirtschaften konnten, das meiste an die regierende Oberschicht abgeben mussten. Ständig waren sie der Willkür der herrschenden Römer ausgesetzt und wussten selten, was sie am kommenden Tag zu essen hatten. Zudem lauerte ständig und überall die Gefahr vor Überfällen und Diebstählen. Körperliche Gebrechen waren an der Tagesordnung. Die Sehnsucht, einfach mal zur Ruhe kommen zu können, geschützt und versorgt zu sein, war gross.

Herbergen standen entlang der Routen der Händler. Vor allem in den grösseren Ortschaften. Sie boten Schutz vor Räubern, die Warentransporte überfielen. Aufgrund der Volkszählung, die in der Weihnachtsgeschichte erwähnt wird, nahmen die Herbergswirte wohl auch weitere Reisende auf, die etwas dafür bezahlen konnten. Was also, wenn man nichts anzubieten hatte, um Schutz zu erhalten?

Ein Vergleich mit heutigem Sicherheitsdenken drängt sich auf. Je mehr Möglichkeiten sich bieten, sich abzusichern, desto mehr entwickelt sich auch der Glaube daran, dass selbst das Leben versichert werden könnte. Kinder werden mit Leuchtstreifen und Helmen beim Fahrradfahren geschützt, mit Verhaltensregeln im Hinblick auf Kontakte mit fremden Menschen, mit Telefonaten an die Schulsozialarbeit bei Konflikten mit Klassenkameraden, mit spezieller Kindersicherungs-Software für Computer usw. Doch stellt sich dabei tatsächlich Ruhe ein? Versichern diese Versicherungen tatsächlich? Und was passiert, wenn sich jemand das eine oder andere gar nicht leisten kann?

« Die Sehnsucht, einfach mal zur Ruhe kommen zu können, geschützt und versorgt zu sein, war gross. »

Es gilt, Wege zu finden und eine gewisse Gelassenheit, um ein Grundvertrauen in das unsichere Leben ausserhalb von Herbergen zu entwickeln. Ja zu sagen zum Umstand, dass das Leben nicht restlos versicherbar ist. Geburt, Tod, Krankheit, Heilung, Streit, Naturgewalten und menschliches Versagen halten sich nicht an Versicherungsspielregeln. Da gilt es, auf andere Weise zur Ruhe zu kommen. Die Herberge aus der Weihnachtsgeschichte symbolisiert dieses ersehnte Gefühl von Aufgehoben-Sein, von Schutz, von Zur-Ruhe-Kommen. Ein Gefühl, das einem nicht immer geschenkt ist.

Interessant: Die Bibel schmückt die Herbergsgeschichte nicht aus. Sie erscheint lediglich in einem kurzen Nebensatz. Es ist vielmehr die Lösung des Herbergsproblems mit der Futterkrippe, die im Mittelpunkt steht. Die Tatsache, dass ein Ort gefunden wurde für die anstehende Geburt ist viel wichtiger als der Umstand, dass in der Herberge kein Platz war!

Helfen Sie Kindern, möglichst viele Wege zu finden, um innerlich Ansätze von Gelassenheit im Umgang mit Schicksalsschlägen und unverfügbaren Gegebenheiten entwickeln zu können. Beachten Sie dabei, dass Sie eben nicht helfen, wenn Sie Kinder wie Ihren eigenen Augapfel behüten, sie vor jeglicher Gefahr präventiv bewahren und ihnen überall hin ein Herbergs-Ticket mitgeben. Helfen können Sie, indem Sie das Vertrauen der Kinder in die Kraft des Lebens ausserhalb von Herbergen stärken. Ermöglichen Sie ihnen, sich in ihrem eigenen Leben stark zu fühlen. So wie es ist. Derart, dass sie sich nicht verlieren, wenn ihnen einmal bei einer Herberge kein Einlass gewährt wird. Wenn sie beispielsweise keine Zugehörigkeit zu einem Freundeskreis finden, kein Mitspracherecht bei der Klassenzuteilung erhalten, keine Zustimmung für Erwartungen und Wünsche erfahren oder eine gefährliche Grenzüberschreitung ausbaden müssen.

Dieser eine kurze biblische Nebensatz zur Herberge wurde für viele Kinderbücher und Krippenspiele erweitert und ausgeschmückt. Von mehreren Herbergen mit mehr oder weniger freundlichen Wirten ist da die Rede. Solche Erzählungen eignen sich auch unter dem Jahr, um «herbergslose Zeiten» aufzufangen.

## Outdoor-Adventskranz

**Gestalten Sie mit den Kindern einen grossen wetterfesten Kranz aus Naturmaterialien für den Garten, den Balkon oder den Hausvorplatz. Als Grundform eignet sich ein altes Holz-Wagenrad aus der Brockenstube oder ein Rad eines ausgemusterten Fahrrads. Bestücken Sie den Kranz mit vier Laternen, die das echte oder elektronische Kerzenlicht vor Wind und Regen schützen. Lassen Sie Ihre Gedanken beim sonntäglichen Entzünden der Laternen um Menschen kreisen, deren Leben sich ausserhalb von schützenden Herbergen abspielt: Kinder und Erwachsene, die wegen Flucht, Krieg, Krankheit oder Scheidung ihre Familie verloren haben. Kinder und Erwachsene, die wegen Streit, unterschiedlicher Lebensziele, schwieriger Umstände oder fehlerhaftem Verhalten tragende Beziehungen auflösen mussten. Das Formulieren und Lesen von guten Wünschen für sie bietet sich an. Oder das Befestigen eines entsprechenden Symbols am Adventskranz. Stellen Sie den Kindern je nach Alter am Ende jeweils die zwei Fragen: Wofür brauchst *du* gerade Kraft? Wovor bräuchtest *du* gerade Schutz?**

## Herbergsschild

Drucken Sie als Vorbereitung zur biblischen Herbergs-Erzählung aus dem Internet ein Herbergsschild aus. Beispielweise das einer Jugendherberge. Führen Sie dieses als Erinnerungszeichen für persönliche Herbergsgeschichten ein und befestigen Sie es an einer gut sichtbaren Stelle am Kühlschrank, an der Pinnwand, am Garderobenschrank. Erzählt ein Kind, es werde von Freunden ausgeschlossen, steht die Entscheidung an, ob ein Kind einen gewissen Weg allein gehen kann, verliert ein Kind durch einen Todesfall eine wichtige Bezugsperson usw., können Sie das Schild anschaulich als vertrauensfördernde Gesprächsgrundlage heranziehen. Alternativ zur gedruckten Version kann ein Schild auch gemeinsam selbst gestaltet werden.

## Adventsapotheke

Wer seine seelische Gesundheit nicht von gastfreundlichen Herbergswirten und -wirtinnen abhängig machen will, muss dann und wann auf ein gutes Heilmittel zurückgreifen können. Stellen Sie deshalb mit Kindern für Notzeiten eine kleine Adventsapotheke zusammen. Untenstehende Heilmittel können Sie als Päckchen zum ersten Adventssonntag oder als Sankt-Nikolaus-Säcklein vorbereiten, oder sie auf einzelne Adventskalender-Säcklein verteilen. Als Kennzeichen kann das Dekorieren der Päckchen mit einer Kopie des Kapitelbildes in diesem Buch oder mit anderen Bildern der Herbergsszene aus dem Internet oder einem Bilderbuch dienen.

### Badeschaum

Hilft gegen Einsamkeit und Enttäuschung. Seine Wirkkraft entfaltet sich in der körperlichen Wahrnehmung von wohlriechendem Duft, luftigem Schaum, reinigender Seife und einem Zeitfenster des «sich selbst etwas Gutes tun», was ein wohltuendes Selbstwertgefühl auch ohne Anerkennung durch andere Menschen verursacht.

### Leeres Notizbuch mit dem Titel «Not-Buch»

Hilft gegen Trauer und das Gefühl, ungerecht behandelt zu werden. Seine Wirkkraft entfaltet sich in seiner Einladung, lähmende Gefühle überhaupt erst einmal wahrzunehmen und ihnen Ausdruck zu verleihen. Leere Seiten fordern dazu auf, Trauer und Ohnmacht bildlich, sprachlich oder anderweitig kreativ eine Gestalt zu geben und sich damit – altersgerecht – auseinanderzusetzen.

## Vogelpfeife oder kleine Flöte

Hilft gegen Angst. Ihre Wirkkraft entfaltet sich im Zur-Verfügung-Stellen einer Handlungsmöglichkeit in lähmenden Situationen. Musikalische, wohltuende Töne besiegen die Macht der Angst.

## Klage-Gebet

Hilft gegen allerlei seelische Schmerzen. Seine Wirkkraft entfaltet sich in seiner klärenden Ausdruckskraft, die es vorhandenen, diffusen Schmerzen verleihen kann. Beispielsweise mit folgendem textlichem Inhalt aus einem biblischen Klagepsalm, Psalm 13: «In meinem Herz drin suche ich dich, Gott. Denn dort liegt mein Kummer schwer wie ein Stein. Zünde mir ein helles Licht an, damit ich besser sehen kann, was mein Herz so schwer macht. Kein Mensch kann mir helfen. Bitte hilf du mir, damit ich wieder froh werde. Amen»

*Mark Sperring, Der Bär, das Mädchen und das geheimnisvolle Geschenk, mit Illustrationen von Lucy Fleming, Brunnen Verlag, Giessen 2019.*

« Es gilt, Wege zu finden und eine gewisse Gelassenheit, um ein Grundvertrauen in das unsichere Leben ausserhalb von Herbergen zu entwickeln. »

Anna, 7 Jahre

# Ein Neugeborenes

Dass der neugeborene Jesus in eine Futterkrippe gelegt wurde, steht lediglich in der Erzählversion des Lukasevangeliums. Ob diese Krippe auch tatsächlich in einem Stall gestanden hatte oder doch eher im Tierbereich eines Wohnhauses oder in einer Höhle nahe einer Schafweide, das ist alles Entscheidung der Lesenden. Dies zeigt, wie nebensächlich die Örtlichkeiten für den Gehalt der Geschichte sind. Im Mittelpunkt steht dieses Neugeborene. Sinnbild für Reinheit, Verletzlichkeit, Menschlichkeit, Lebenskraft, Neuanfang und Freude.

Dass die Friedensbotschaft, die Jesus und seine Anhänger im Raum Palästina damals verbreitet hatten, ausgerechnet in einer Geburtslegende zusammengefasst wird, ist ein literarisches Meisterstück. Die Geburt dieses Kindes unter ärmlichsten und bedrohten Umständen, die jedoch so viele Menschen anzieht und mit Glück und Frieden erfüllt, bringt von Anfang an zum Ausdruck: «Es ist nicht nötig, den Frieden weit weg bei irgendeinem fernen Gott zu suchen. Friede ist hier unter den Menschen zu finden!»

Die Tatsache, dass etwas Gottzugeschriebenes nun plötzlich direkt ins menschliche Leben geholt wird, stellt einen einschneidenden Perspektivenwechsel für die Zeit Jesu dar. So viele religiöse Aspekte wurden bisher der Natur abgeschaut: Den Vögeln, für deren Nahrung stets gesorgt ist. Dem Wasser, das Leben spendet. Der Saat, die aufgeht oder nicht. Der Sonne, die Licht garantiert. Nun stellt sich Göttliches plötzlich in einem neugeborenen Menschen dar. Ein zutiefst menschliches Ereignis, eine Geburt, bringt den fernen erhabenen Gott der damaligen Zeit ganz nahe in den Alltag der Menschen. Die Vorstellung, dass Gott in mir drin ist, nicht oben im fernen Himmel, wird geboren.

Und es geschah, während sie dort waren, dass die Zeit kam, da sie gebären sollte. Und sie gebar ihren ersten Sohn und wickelte ihn in Windeln und legte ihn in eine Futterkrippe. (Lukas 2,6–7a)

**Diese Vorstellung einer göttlichen Kraft in einem verletzlichen menschlichen Körper macht deutlich: Das Leben ist kräftig genug, sich auch unter widrigsten Umständen durchzusetzen und Anlass zur Freude zu werden für viele. Das Geschenk neuer Lebenskraft, vielleicht eines Neuanfangs, tritt dabei automatisch in eine Wechselwirkung mit der Fürsorge und Verantwortung derer, die dieses Geschenk sehen und sich darüber freuen. Geschenkte Kraft wird zu freudiger Fürsorge und umgekehrt.**

Wenn in Ihrem Umfeld nicht gerade ein Kind geboren wurde, ist es das Jesuskindlein der Krippenfiguren, mit dem Kindern von diesem menschlichen Aspekt von Weihnachten am anschaulichsten erzählt werden kann. Auch wenn die Engel oder die Könige mit ihren Gewändern vielleicht viel schöner aussehen: Zeigen Sie den Kindern, dass es das Jesuskindlein ist, das die wichtigste Rolle spielt unter den Krippenfiguren. Dass die kleinste Figur die grösste Kraft ausstrahlt und alle anderen Figuren damit zu erfreuen vermag. Indem Sie die Kinder dazu auffordern, sich gute Wünsche für das Kindlein auszudenken, führen Sie sie an diese Ahnung heran, die spürbar macht, wie verletzlich und abhängig das Menschsein an sich ist. Und wie wichtig für jeden einzelnen Menschen, von den Menschen um sich herum wohlwollend und mit Sorgfalt behandelt zu werden.

Mit grösseren Kindern können Fotos von der Zeit nach ihrer Geburt angeschaut werden. Diese Fotos und auch die vielleicht ebenfalls aufbewahrten Grusskarten mit den guten Wünschen zeigen, wie sehr sich alle über das Neugeborene gefreut haben. Und wenn sich die Gelegenheit doch ergeben sollte: Das besondere, fast schon heilige Gefühl, das ein Neugeborenes beim Anblick und Im-Arm-Halten auslöst, lässt sich natürlich am besten mit einem echten Säugling nachvollziehen. Dieses Gefühl verbindet automatisch die aktuelle Erfahrung mit der biblischen Weihnachtsbotschaft der Freude, des Neuanfangs und der Fürsorge.

## Gute Wünsche

Anstatt das Jesuskindlein von Anfang an in die Krippe zu legen, kann dieses auch erst an Heiligabend dort platziert werden. Stellen Sie den Kindern vorausgehend folgende Frage: «Was wünschte sich das Jesuskindlein wohl von all den Menschen, die es an der Krippe besuchten?» Lassen Sie die Kinder die Wünsche auf kleine lange und schmale Streifen Papier schreiben oder malen und umwickeln Sie damit das Jesuskindlein.

## Mit Wünschen behängte Ballons

Je nach Wind- und Wetterbedingungen können am Weihnachtsabend gute Wünsche für liebe Mitmenschen, die besonders verletzlich sind, mit goldenen Gas-Ballons in den Himmel geschickt werden.

## Ein etwas anderer Adventskalender

Andern Menschen fürsorglich zu begegnen, äussert sich oft im Vollbringen guter Taten. Sammeln Sie deshalb während der Adventszeit gemeinsam mit den Kindern gute Taten. Beispielsweise:

- Der gehbehinderten Nachbarin die Einkaufstasche die Treppe hochtragen
- Einer Mutter mit einem quengelnden Kleinkind beim Anstehen den Vortritt lassen
- Etwas Gutes mit anderen teilen, die weniger Gutes oder nichts erhalten haben
- Dem Flüchtlingskind aus derselben Klasse bei den Hausaufgaben helfen

Stellen Sie eine schöne, vielleicht weihnächtlich bemalte Kiste in die Mitte des Wohnzimmers und animieren Sie die Kinder dazu, ihre Augen ab dem ersten Advent in besonderer Weise offen zu halten für gute Taten. In der Kiste können diese symbolisch gesammelt werden. Ein Zeitfenster vor dem Zubettgehen bietet sich an, einander von diesen fürsorglichen Taten zu erzählen und sie mit einem symbolischen Öffnen und Schliessen des Deckels in die Kiste zu packen.

> « Im Mittelpunkt steht dieses Neugeborene. Sinnbild für Reinheit, Verletzlichkeit, Menschlichkeit, Lebenskraft, Neuanfang und Freude. »

## Kressekrippe

Kresse ist ein beliebtes und gesundes Grünkraut, das vor allem im Winter für eine zusätzliche Portion an Vitaminen und Mineralstoffen sorgt. Es kann nicht nur im Frühling draussen, sondern auch im Winter in der Wohnung einfach und schnell zum Spriessen gebracht werden. Es symbolisiert damit die unglaubliche Kraft neuen Lebens.

Lassen Sie die Kinder aus Ton oder Knetmasse einen Säugling formen und legen Sie diesen auf ein Wattebeet in einem kleinen Schälchen, Körbchen oder Töpfchen. Bestreuen Sie die Watte mit Kressesamen und verschenken Sie das Kripplein an Menschen, die eine Portion neue Lebenskraft bitter nötig haben.

## Tierbaby-Adventskalender

Nicht nur Menschen, auch Tiere sind als Neugeborene besonders schutzbedürftig. Ebenso symbolisieren auch neugeborene Jungtiere die unerschöpfliche Kraft des Lebens und des Neuanfangs. Füllen Sie den Adventskalender der Kinder deshalb mit Bildern, Figuren, Geschichten oder Gegenständen, die auf verschiedene neugeborene Tiere verweisen:

- Plastik- oder Holztierchen
- Klebesticker
- Gutschein, gemeinsam den Film «Bambi» oder einen ähnlichen Film zu schauen
- Quartett- oder anderes Kartenspiel
- Kopierte, gerollte Kurzgeschichten aus Bibliotheksbüchern
- Ausmalbilder aus dem Internet
- Weihnachtsgebäck in Tierform
- Aus dem Internet kopierte Bilder, die auf die Gutenachtgeschichte verweisen
- Wissensfragen zu Jungtieren aus einem Tierlexikon

Vielleicht ergibt sich die Gelegenheit, neugeborene Tiere auf einem nahegelegenen Bauernhof oder in einem nahen Zoo oder Tierpark zu besichtigen. Vielleicht leihen Sie entsprechende Bilderbücher, Tierbücher, Filme oder Hörspiele in der Bibliothek aus. Vielleicht dürfen Sie sogar irgendwo eine Tiergeburt miterleben.

*Maria Bogade, Wann kommst du, liebes Christkind?, mit Illustrationen von Annette Moser, Verlag Friedrich Oetinger, Hamburg 2019.*

*Gerda Marie Scheidl, Die vier Lichter des Hirten Simon, mit Illustrationen von Marcus Pfister, NordSüd Verlag, Zürich [18]2011.*

« Auch wenn die Engel oder die Könige mit ihren Gewändern vielleicht viel schöner aussehen: Zeigen Sie den Kindern, dass es das Jesuskindlein ist, das die wichtigste Rolle spielt unter den Krippenfiguren. »

Amélie, 11 Jahre

# Licht in der Finsternis

Das Volk, das in der Finsternis geht, hat ein grosses Licht gesehen, die im Land tiefsten Dunkels leben, über ihnen ist ein Licht aufgestrahlt. (Jesaja 9,1)

Obwohl Weihnachten das Fest des Lichts genannt wird, erzählt die Weihnachtsgeschichte nicht von einem grellen, überall sichtbaren und immerwährenden Licht. Vielmehr geht es ganz bescheiden um das «Licht, das in der Finsternis aufstrahlt».

Wenn in der Adventszeit überall Lichterketten an Häusern und Strassenlaternen befestigt und in Schaufenstern blinkende Leuchtkörper ausgestellt werden, dann drückt dies aus, dass sich viele Menschen in der dunklen Winterzeit nach Licht sehnen. Mit künstlichen Leuchtkörpern wird die dunkelste Zeit des Jahres lichtgeflutet und damit verdrängt und überbrückt.

Die biblische Weihnachtsgeschichte erzählt gerade nicht von einem solchen Licht. Die Geburt von Jesus in Betlehem leitet nicht die ewige Licht- und Friedenszeit für die Welt ein. Es ist nicht die Rede von einer endlich gekommenen friedlichen Endzeit, von der so viele schon erzählt haben. Auch die Bibel. Dass es irgendwann in dieser Welt Frieden geben könnte, dass das lang ersehnte Himmels- und Friedensreich endlich eintreten würde, das ist im Angesicht der aktuellen politischen Weltlage doch eher unrealistisch.

Realistisch ist, dass Menschen trotz Finsternis Licht erkennen können. Und dafür steht die biblische Weihnachtsgeschichte. Sie spielt sich dort ab, wo Menschen im Dunkeln leben. Nicht bei den Herrschenden, Reichen und von Schicksalsschlägen Verschonten. Die Weihnachtsgeschichte spielt in der untersten Bevölkerungsschicht unter Menschen in grösster Not. Diese Menschen sehen das Licht im Dunkeln zuerst, weil sie am empfänglichsten dafür sind. Weil keine anderen grellen Lichter sie vom Wesentlichen ablenken. Im Dunkeln lässt sich wegweisendes Licht einfacher erkennen als in lichtgefluteten Räumen. Damals und heute.

Die einfachste Möglichkeit, ein Licht in der Finsternis anschaulich zu machen, sind Kerzen. Echte, aber auch batteriebetriebene Kerzen. Kerzen sind in der Regel zu schwach, um ihr gesamtes Umfeld zu erleuchten. Dort, wo sie stehen, ist es hell, rundherum bleibt es dunkel. Ein paar ausgewählte Laternen oder Gläser, in die man Kerzen stellen kann, strahlen ein warmes Licht aus. In der Adventszeit können Kerzen ab und zu sogar das normale elektronische Beleuchtungssystem des Hauses oder der Wohnung ersetzen.

Kinder mit hinein in diese geheimnisvolle Stimmung zu nehmen, die entsteht, wenn Gesichter im Dunkeln von Kerzenlicht erleuchtet werden, vermittelt ihnen eine Ahnung davon, welche enorme Kraft ein noch so kleines Licht haben kann. Mit der kleinen Adventsaufgabe «Kerzen anzünden und ausblasen» beteiligen sich Kinder sicherlich gern am Arrangieren besonderer Stimmungen. Allenfalls mit extralangen Zündhölzern. Das Licht einer grossen, weissen Kerze in einer Vase draussen vor dem Haus kann dabei für besondere von Not und Dunkelheit betroffene Menschen brennen.

Kinder mögen in der Regel zuerst einmal alles, was blinkt, hell leuchtet und als solches eine lustige Figur darstellt. Wenn Sie sich diesen Mainstream-Dekorationen selbst nicht anschliessen, verlangen die Kinder meist eine gute Begründung dafür. «Warum dürfen die Nachbarskinder einen leuchtenden Elch in den Garten stellen und wir nicht?» Halten Sie sich dafür eine Antwort bereit!

« Realistisch ist, dass Menschen trotz Finsternis Licht erkennen können. Und dafür steht die biblische Weihnachtsgeschichte. »

## Fantasiereise

Für Kinder, die empfänglich sind für Achtsamkeitsübungen: Nehmen Sie sie beim Anzünden der ersten Kerzen im Advent mit auf eine kurze Fantasiereise. Eine Fantasiereise drückt sich aus in einem gedanklichen Spaziergang in einer Landschaft, in der real niemand spazierengehen kann. Die Anweisungen lauten also etwa so:

«Schliesse deine Augen und beobachte eine Weile, was du alles sehen kannst trotz geschlossener Augen. Sammle die kleinen Lichtpunkte, die du siehst, und schliesse sie in deiner Erinnerung ein. Wandere nun von den Augen weg hin zu deinem Herz. Findest du eine Öffnung, durch die du ins Herz hineinkommst? Wie jedes Herz hat auch dein Herz mehr als nur eine Öffnung. Denn da muss ja alles hineinkönnen, was sich von deinen täglichen Erlebnissen für immer festsetzen will. Gehe also in dein Herz hinein und schau dich um. Siehst du etwas? Ist es dunkel? Ist es hell? Schau ganz genau hin, was du alles siehst: Trauriges, Schönes, alte Geschichten, die Erlebnisse von heute Morgen, Beängstigendes, Ermutigendes? – Nun verstreue die Lichtpunkte, die du in deiner Erinnerung mitgenommen hast, in deinem Herz und schau nochmals in jeden Winkel! Jetzt ist es ganz hell und du kannst alles sehen. Setze dich eine Weile dorthin, wo es dir am wenigsten gefällt und du dich am unwohlsten fühlst. Atme dreimal tief ein und klebe all die in deinem Herz verstreuten Lichtpunkte an diesem schmerzhaften Ort fest. Gehe einen Schritt zurück und betrachte den Ort, der nun wunderschön leuchtet und strahlt. Schliesse diesen Anblick wiederum fest in deiner Erinnerung ein. Geh dann langsam wieder zum Ausgang. Von dort zurück zu den Augen. Nimm die Erinnerung an deinen leuchtenden Herz-Ort mit auf den Weg zurück in deinen Alltag und öffne langsam deine Augen.»

Sprechen Sie am Ende mit den Kindern über die verschiedenen Möglichkeiten, mit kleinen Lichtern Dunkles zu erhellen.

## Doppelte Adventskerzen

Stellen Sie zusätzlich zum Adventskranz im Wohnzimmer vier Laternen vors Haus. Zünden Sie an jedem Sonntag eine Kerze für Sie als Familie drinnen und eine für Menschen in Not draussen an.

## Weihnachtsbild

Malen Sie mit den Kindern ein grosses Bild, das Antwort gibt auf die Frage «Welche Lichtblicke hast du im vergangenen Jahr erlebt?». Je nachdem, wie viele Kinder sich an dem Bild beteiligen, ergibt sich am Ende ein Wimmelbild mit mehreren gemalten Lichtblicken.

Wenn Sie dieses kreative Element zur jährlichen Tradition erklären wollen, können Sie eine kurze Rückbesinnung aufs letztjährige Bild jeweils als Einstieg fürs neue Bild vorsehen.

## Die vier Adventskerzen rituell entzünden

Kerzen können den Weg aus der Dunkelheit weisen, wenn sie mit einer besonderen Hilfestellung in Verbindung gebracht werden. Vollziehen Sie das Entzünden der Adventskranzkerzen mit den Kindern beispielsweise wie folgt:

- Der Schein der ersten Kerze ist dazu bestimmt, alle unsere Talente sichtbar zu machen. Also das, was wir gut können.
  - Alle stellen ihr grösstes Talent mit farbigen Wachsplättchen dar und kleben ihr Talentsymbol auf die erste Adventskerze.
- Der Schein der zweiten Kerze ist dazu bestimmt, uns all die lieben Menschen in Erinnerung zu rufen, die immer für uns da sind.
  - Alle stellen eines oder mehrere Teelichter für einen oder mehrere solche Menschen in die Nähe der zweiten Adventskerze, zünden es bzw. sie an und nennen dabei in Form eines Dankes den oder die Namen.
- Der Schein der dritten Kerze ist dazu bestimmt, die Liebe in unseren Herzen zum Leuchten zu bringen. Diese Liebe ist auch dann da, wenn wir uns selbst gar nicht mögen, weil wir vielleicht einen Fehler gemacht, böse Dinge gesagt oder Wichtiges aus Bequemlichkeit versäumt haben.
  - Alle geniessen im Schein der dritten Adventskerze gemeinsam Schokolade-Herzen.
- Der Schein der vierten Kerze ist so hell, dass er unsere Lebensgeister problemlos wieder wecken kann, wenn sie vor lauter Trauer, Wut oder Scham eingeschlafen sind, und wir uns wie gelähmt durch unseren Alltag mühen.
  - Gemeinsam mixen und oder trinken alle nach dem Entzünden der Kerze einen erfrischenden Fruchtdrink.

## Kapellen-Spaziergang am Weihnachtsfest

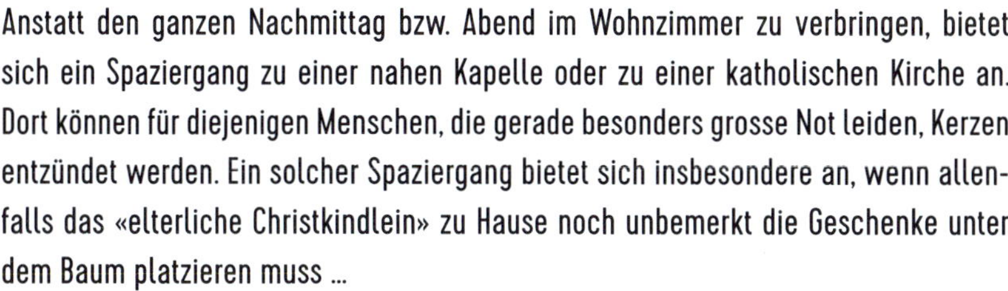

Anstatt den ganzen Nachmittag bzw. Abend im Wohnzimmer zu verbringen, bietet sich ein Spaziergang zu einer nahen Kapelle oder zu einer katholischen Kirche an. Dort können für diejenigen Menschen, die gerade besonders grosse Not leiden, Kerzen entzündet werden. Ein solcher Spaziergang bietet sich insbesondere an, wenn allenfalls das «elterliche Christkindlein» zu Hause noch unbemerkt die Geschenke unter dem Baum platzieren muss ...

## Quizfragen zum Thema Licht

- Wie viele Lichtergirlanden findest du in unserer Wohnstrasse?
- Wie viele Kerzen sind an unserem Weihnachtsbaum?
- Wer hat die Glühbirne erfunden?
  (Thomas Edison)
- In welcher Himmelsrichtung geht die Sonne auf?
  (Osten)
- Nenne eine biblische Geschichte, in der Licht vorkommt!
  (Z. B. Schöpfungsgeschichte)
- Nenne drei verschiedene Arten von Lampen!
  (Z. B. Ständerlampe, Nachttischlampe, Taschenlampe)

Bonuspunkt: Wenn dein Vor- oder Nachname mit L beginnt.

*Kerstin Hau, Das Dunkle und das Helle, mit Illustrationen von Julie Völk, NordSüd Verlag, Zürich 2019.*

*Adventskranz, S. 107*
*Barbarazweige, Menschenrechtstag und Sankt Luzia: Sankt-Luzia-Tag (13. Dezember), S. 140*

« Im Dunkeln lässt sich wegweisendes Licht einfacher erkennen als in lichtgefluteten Räumen. Damals und heute. »

Jana, 8 Jahre

# Hirten

Hirten galten in der Bevölkerung zur Zeit Jesu als gemiedene Gesellen. Meist handelte es sich um Männer, die keine andere Arbeit fanden, und die je nach sozialem Status ihres Arbeitgebers ihren Dienst für einen Hungerlohn irgendwo in einsamen und garstigen Gegenden ausüben mussten. Als Hirte war man ständig Wind und Wetter ausgesetzt, hatte nur wenige Möglichkeiten zur Körperhygiene und zur Teilnahme an gesellschaftlichen Bräuchen. Hirten waren wilden Tieren ausgeliefert und mussten Einsamkeit aushalten. Im Lukasevangelium sind es nach Maria und Josef gerade diese gemiedenen Menschen, die zuallererst von der nahenden Erlösung erfahren.

Die Regierungszeit des römischen Kaisers Augustus in den ersten Jahren unserer Zeitrechnung ging als die Zeit der Pax Romana (römischer Frieden) in die Geschichte ein. Augustus schaffte es offenbar, sein Reich so zu regieren, dass sogar die Randständigsten der Gesellschaft eine gewisse Lebensverbesserung in ihrem Alltag wahrnehmen konnten. So entstanden auch in der römischen Literatur des ersten Jahrhunderts viele sogenannte Hirten-Idyllen. Die «Pastoralen» erzählen auf musikalische Weise von solchem idyllischen Hirtenleben. Es bestanden ganz selbstverständliche Bestrebungen, gesellschaftliche Verbesserungen anhand von Hirten zum Ausdruck zu bringen. Nach dem Motto: «Wenn sogar Hirten davon profitieren, dann muss das eine gute Sache sein!» Mit der neutestamentlichen Hirtenlegende wird also bereits auf das spätere Wirken des erwachsenen Jesus hingewiesen. Denn gemäss den Evangelien war Jesus in erster Linie mit den Unbeliebten und Randständigen unterwegs, nicht mit den angesehenen, reichen Leuten der Oberschicht. Sein Licht sollte zuerst denjenigen leuchten, die es am nötigsten hatten.

Und es waren Hirten in jener Gegend auf freiem Feld und hielten in der Nacht Wache bei ihrer Herde. Und ein Engel des Herrn trat zu ihnen, und der Glanz des Herrn umleuchtete sie, und sie fürchteten sich sehr. (Lukas 2,8–9)

**Die weihnächtliche Hirtenlegende hat in dem Sinn eine ethisch-soziale Bedeutung. Kinder erfahren darin, dass auch ungern gesehene Menschen Sicherheit, Freude und Licht zugute haben – und zwar nicht nur diejenigen, die offensichtlich Mitleid erwecken, sondern auch diejenigen, die mit den stinkenden, abstossend wirkenden Hirten von damals verglichen werden. Indem Kinder dies erkennen, können sie wohlwollende und sozialverträgliche Zugangsweisen zu solchen Menschen entwickeln und finden.**

Die Weihnachtsgeschichte in der Kindererziehung als moralische Begründung für Werte wie «Teilen», «den Armen helfen» oder «abstossend wirkende Menschen mögen» zu verwenden, ist nicht zu empfehlen. Moralische und religiöse Erziehung zu vermischen, ist nicht wegweisend. Religion wird dabei auf eine Funktion reduziert, die der Moral dienen soll und verliert damit ihren ganz eigenen Wert.

Wenn man Kindern die biblische Hirtengeschichte erzählt und ihnen dabei ersichtlich macht, wer die Hirten damals tatsächlich waren, können sich die Kinder vielmehr mit diesen identifizieren und nachvollziehen, was die Engelsbotschaft und das Betrachten des Kindleins in der Krippe für sie persönlich bedeutete. Kinder können modellhaft anhand der Figur des Hirten ein grundlegendes Gespür für Menschenwürde entwickeln. Sie erfahren, dass alle Menschen, unabhängig ihres gesellschaftlichen Ansehens, die Sehnsucht nach einem würdigen Leben und das Recht auf Anerkennung haben. Das Gespür für die kompromisslose, allgemeine Menschenwürde kann so in der persönlichen Entwicklung von Kindern jeglicher moralischer und gesellschaftlicher Wertezuschreibung vorausgehen. Es ist die religiöse Kategorie der Menschenwürde, die der moralischen Kategorie des Menschenrechts ihre Begründung gibt. Nicht umgekehrt. Hilfreich also, wenn beim Erzählen der Weihnachtsgeschichte diese Hirtengesellen so abstossend, einsam und ärmlich ausgemalt werden, wie dies sprachlich überhaupt nur möglich ist. An ihnen orientiert sich konsequente Menschenliebe.

## Weihnachteln

Sicher kennt jedes Kind Personen aus der Nachbarschaft oder aus dem Wohnort, die aus verschiedenen Gründen einen gewissen Aussenseiterstatus haben. Personen, die als besonders mürrisch, aggressiv, seltsam oder nervtötend bekannt sind. Verfassen Sie mit den Kindern kleine Briefchen oder Zeichnungen, oder verpacken Sie Selbstgebackenes in kleine Säcklein. Entscheiden Sie gemeinsam mit den Kindern, ob Sie diese kleinen Weihnachtswerke anonym oder mit Namen versehen den zuvor bestimmten Personen überbringen oder im Briefkasten hinterlassen wollen.

## Einblick in schwierige Lebensbedingungen

Gesellschaftlich gemiedene Menschen gibt es auch heute. Seien es Obdachlose in den Städten, Flüchtlinge in Unterkünften, Suchtkranke in verschiedenen Institutionen oder auch sozial nur schwer tragbare Kinder und Jugendliche in entsprechenden Heimen. Gerade in der Adventszeit bieten verschiedene Institutionen auf kindgerechte Weise Einblick in das schwierige Leben solcher Menschen an. Auf den Webseiten von Caritas, Surprise, diverser diakonischer Vereinigungen und auch der Einrichtungen selbst gibt es Hinweise zu solchen «Führungen für Kinder». Ab ca. 10 Jahren sicher eine gute Möglichkeit, die biblische Hirtengeschichte zu vertiefen.

*Bruno Hächler, Ein Bär feiert Weihnachten, mit Illustrationen von Friederike Rave, Baeschlin Verlag, Glarus 2019.*

*Lorenz Pauli, Wie weihnachtelt man?, mit Illustrationen von Kathrin Schärer, Verlag Fischer-Sauerländer, Frankfurt a. M. [6]2010.*

*Barbarazweige, Menschenrechtstag und Sankt Luzia: Friedenskerze, S. 139*
*Krippenfiguren: Quiz, Postenlauf & Co., S. 122*

Mona, 5 Jahre

# Einem Stern folgen

Und siehe da: Der Stern, den sie hatten aufgehen sehen, zog vor ihnen her, bis er über dem Ort stehen blieb, wo das Kind war. Als sie den Stern sahen, überkam sie grosse Freude. (Matthäus 2,9b–10)

Das Matthäusevangelium erzählt im zweiten Kapitel von sternkundigen Männern aus dem Morgenland, die einen neuen, besonderen Stern entdecken. Für sie steht von Anfang an ausser Frage, dass dieser Stern «dem neugeborenen Friedenskönig der Juden» zugeordnet ist. Und diese Tatsache bewegt sie dazu, alles zurückzulassen, sich sofort auf den Weg zu machen und dem Stern zu folgen.

Bis heute gilt der Stern als Symbol für ein erstrebenswertes Ziel. Und wie ein solches beschaffen sein muss, damit es überhaupt zu erreichen ist, dies können wir beispielhaft aus diesem Teil der Weihnachtsgeschichte ablesen.

Die Sterndeuter beobachteten wohl täglich die Sterne und versuchten aus ihnen verschiedene Erkenntnisse zu gewinnen. Gut vorstellbar, dass sich nach Jahren einer solchen Tätigkeit vielleicht auch eine gewisse Resignation einstellte und der einzige Ansporn, weiterzumachen, in der Hoffnung bestand, doch etwas Spektakuläres, nie Dagewesenes zu entdecken. Zum Beispiel einen neuen Stern.

Dieses hoffnungsvolle und sehnsüchtige Durchhalten scheint sich gelohnt zu haben. Nach Jahren geduldigen Suchens fanden die Sterndeuter endlich diesen neuen Stern. Den Stern, den sie sofort und fraglos einem lang erwarteten Hoffnungsträger zuordneten.

Der neue Stern erzählte ihnen von diesem Licht, dieser Liebe und diesem Frieden, wovon sie in den ihnen offenbar bekannten heiligen Büchern des jüdischen Volkes schon gelesen hatten. Selbst als Nichtjuden erkannten sie die alte Verheissung des Propheten Bileam wieder, von der im 4. Buch Mose im Kapitel 24 berichtet wird: «Ein Stern tritt hervor aus Jakob, und ein Zepter erhebt sich aus Israel.»

Sich mitten im gewohnten Alltagsgeschehen immer wieder nach einem neuen, vielleicht anfänglich fremden und unbekannten Stern auszurichten, der jedoch schon beim ersten Anblick frischen Lebensmut auszustrahlen vermag, zahlt sich aus. Wenn die Leuchtkraft dieses Sterns die Seele auch nur ansatzweise in Richtung Frieden und Liebe zu bewegen vermag, dann lohnt es sich, ihn immer wieder neu zu suchen, zu deuten und ihm zu folgen. So wie die Sterndeuter haben auch manche anderen biblischen Figuren und schon viele Menschen in früheren und heutigen Zeiten durch ihr hartnäckiges Verfolgen von grossen Sehnsüchten ihre Ziele erreicht. Sie alle sind um eine wunderbare Erfahrung reicher geworden.

Wenn Erwachsene Kinder in existenziellen Lebensfragen und Lebenslagen begleiten, dann geht es in erster Linie darum, ihnen Wege aufzuzeigen, wie sie mit besonders herausfordernden Umständen oder hinderlichen persönlichen Eigenschaften lösungsorientiert umgehen können. Dabei immer wieder sinnvolle Ziele an den Horizont zu stellen, gibt dieser Begleitung Struktur und fördert die Motivation. Für das Entwickeln, Begründen und Definieren von solchen Zwischenzielen kann eine Orientierung am Stern von Betlehem hilfreich sein. Der Stern von Betlehem kann wie ein Gütesiegel für die Qualität von Zielsetzungen betrachtet werden: Verfolgen wir ein Ziel, das aus Kinderperspektive attraktiv erscheint? Trägt das gesetzte Ziel Hoffnung und Kraft in sich? Strahlt es Liebe aus? Leuchtet es genügend hell, um überhaupt gesehen zu werden?

Oft wird die Wahl und Definition von gewählten Zielen dominiert von gesellschaftlichen Normen, von Einseitigkeiten psychologisch-pädagogischer Grundüberzeugungen, von Beziehungsstrukturen, Leistung oder Autoritäten. Es zeugt von Mut, vielleicht auch einmal alles, was bisher als wichtig erschien, im Morgenland zurückzulassen und auf unkonventionelle, von niemandem empfohlene Weise demjenigen fremden Stern zu folgen, von dem die Weihnachtsgeschichte erzählt: dem einzigartigen Stern der Kraft, der Liebe und der konsequenten Achtung der Menschenwürde. Ein lehrreicher und ausgedehnter Nachmittag auf dem Bauernhof darf in so einem Fall auch einmal eine schlechte Mathenote zur Folge haben.

## Sternentag

Die Zeit zwischen Weihnachten und Neujahr eignet sich bestens dafür, eigene Ziele und Sehnsüchte zu thematisieren. Ein «Sternentag» ist deshalb genau das Richtige. Vielleicht gleich im Anschluss an die beiden Weihnachtstage, vielleicht um den Jahreswechsel herum oder auch erst am Dreikönigstag. Welcher Stern soll im kommenden Jahr am Horizont stehen? Kinder haben auf folgende Fragen sicherlich bemerkenswerte Antworten.

- Wie siehst du aus, wenn du dein Ziel erreicht hast?
- Wer und wo sind die Menschen um dich herum? Wie geht es ihnen?
- Wie beginnt und endet dein Tag?
- Was musst du nicht mehr tun? Was darfst du neu tun?
- Wie verändert sich dein Zimmer und dein Haus bzw. deine Wohnung, wenn du dein Ziel erreicht hast?

Lassen Sie die Kinder ihr Jahresziel auf ein Blatt Papier schreiben oder malen und falten Sie dieses Papier mit ihnen zu einem Stern. Befestigen Sie am gefalteten Papierstern eine Schnur und wählen Sie im Kinderzimmer einen besonderen Ort, an dem er während des gesamten kommenden Jahres hängen bleiben kann.

Lassen Sie alternativ die Kinder ihr Jahresziel aus Legosteinen bauen oder mit Knete formen. Fotografieren Sie das Kunstwerk, legen es in einen Bilderrahmen und hängen Sie das Bild im Kinderzimmer auf. Ein neutraler Bilderrahmen bietet sich dafür an, mit Sternmotiven verziert zu werden.

*Dreikönigsfest, S. 143*

« Der Stern von Betlehem kann wie ein Gütesiegel für die Qualität von Zielsetzungen betrachtet werden. »

## Sternensammlung

Der Stern ist nicht nur ein Symbol für zu erreichende Ziele, sondern ebenso für Ziele, die bereits erreicht wurden. So zeugen Sterne beispielsweise von Qualitätsstandards bei Hotels und Restaurants, die von den jeweiligen Wirten erst erarbeitet werden mussten. So werden Menschen, die Ausserordentliches geleistet haben, «Stars» genannt. So zeigen viele spezielle Auszeichnungen die Form eines Sterns.

Suchen Sie nach den Geschichten, die zum Erhalten solcher Sterne geführt haben, indem Sie Wirte interviewen, Reportagen über wichtige Persönlichkeiten lesen oder sich mit Menschen befassen, die nach bestimmten Kriterien besondere Sternauszeichnungen vergeben. Lassen Sie die Kinder altersgerecht an dieser Geschichten-Suche teilhaben und sammeln Sie für jede Geschichte einen Klebestern in einem besonderen Sternenheft oder an einem geeigneten Ort. So entsteht eine symbolische Sammlung an Geschichten, von denen Kinder lernen können, wie man Sterne findet und Ziele erreicht.

## Stern-Tagebuch

In einem Tagebuch können grössere Kinder ihre Jahresziele, Zwischenziele und erreichten Zwischenstationen selbst formulieren und festhalten. Ein eigens für erstrebenswerte Ziele bestimmtes Stern-Tagebuch fokussiert in der Advents- und Weihnachtszeit, aber auch später unter dem Jahr, den Inhalt. Dabei ist zu beachten, dass nicht alle Kinder gerne schreiben. In der Regel sind es eher Mädchen, die gerne Tagebuch führen. Nehmen Sie den Weihnachtsstern zum Anhaltspunkt, den Kindern das Stern-Tagebuch zu empfehlen und sie zu fragen, ob ein solches Buch erwünscht ist. Stellen Sie ihnen im positiven Fall vielfältige Sternmaterialien zur Dekoration und Illustration zur Verfügung.

## Ein Weihnachtsstern am Nachthimmel

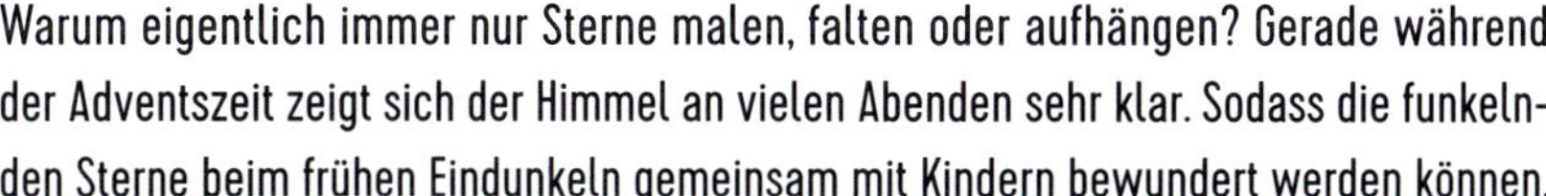

Warum eigentlich immer nur Sterne malen, falten oder aufhängen? Gerade während der Adventszeit zeigt sich der Himmel an vielen Abenden sehr klar. Sodass die funkelnden Sterne beim frühen Eindunkeln gemeinsam mit Kindern bewundert werden können.

Verfolgen Sie schon früh im Advent aufmerksam die Wetterprognose und planen Sie einen Sternenhimmel-Abend. Wenn es gleich am ersten Adventssonntag passt, ermöglicht dies ein eindrückliches Erstadvents-Ritual.

Ermutigen Sie nun die Kinder dazu, einen einzigen unter den unzähligen Sternen auszuwählen und sich den Standort gut zu merken. Hängen Sie gemeinsam symbolisch ein Weihnachtsziel an diesen Stern und nennen Sie ihn «Weihnachtsstern». Überlegen Sie dann gemeinsam, was Sie bis an Weihnachten gerne erreicht haben möchten. Vielleicht mehr gemeinsame Spiel-Zeit als sonst unter dem Jahr. Oder einen Monat ohne Streit verbracht zu haben. Das Darbieten eines Musikstücks oder Lieds am Weihnachtsfest, das intensiv geübt werden musste. Vielleicht schafft es auch der letzte Schnuller endlich in ein Geschenkpaket fürs Christkind.

Wiederholen Sie nun bis an Weihnachten so oft als möglich solche Sternenhimmel-Abende. Suchen Sie jedes Mal den ausgewählten Stern und rufen Sie sich das damit verbunden Ziel in Erinnerung. Je näher Weihnachten rückt, desto wichtiger ist es, die Zielerreichung auch zu überprüfen.

Vielleicht entlassen Sie den Weihnachtsstern nach Weihnachten wieder in seine himmlische Freiheit. Vielleicht behängen Sie ihn mit einem neuen Ziel.

Nutzen Sie doch auch die Gelegenheit, sich einmal mit Sternbildern zu befassen. Das Erkennen von Sternbildern hilft, eine gewisse Ordnung in den grossen Himmel zu bringen.

*Reinhard Ehgartner, Sternenbote. Eine Weihnachtsgeschichte, mit Illustrationen von Linda Wolfsgruber, Tyrolia Verlag, Innsbruck 2019.*

*Cecilia Heikkilä, Der Weihnachtspulli, Dragonfly-Verlag, Hamburg 2019.*

Janis, 5 Jahre

# Einander von Herzen beschenken

Und sie gingen ins Haus hinein und sahen das Kind mit Maria, seiner Mutter; sie fielen vor ihm nieder und huldigten ihm, öffneten ihre Schatztruhen und brachten ihm Geschenke dar: Gold, Weihrauch und Myrrhe. (Matthäus 2,11)

Dieser Abschnitt der Sterndeuter-Legende zeigt, dass das Entgegenbringen von Ehre, Liebe und dankbarer Zuwendung schon vor langer Zeit mit Geschenken ausgedrückt wurde. Gold, Weihrauch und Myrrhe stehen symbolisch für das vollkommene seelische Wohlergehen, für göttlichen Schutz und körperliche Gesundheit. Was kann einem Neugeborenen Wichtigeres gewünscht werden?

Die Geschenke stehen wohl für jedes Kind an erster Stelle, wenn es gefragt wird, auf was es sich an Weihnachten am meisten freut. Man kann diesen Umstand bedauern, man kann die Tradition des gegenseitigen Beschenkens aber auch ganz selbstverständlich aus der biblischen Weihnachtsgeschichte ableiten. Wenn ich jemanden von Herzen beschenke, weil er oder sie für mich eine wertvolle Person ist, der ich gern wieder einmal Danke sage und der ich gern wieder einmal mitteile, dass ich sie gewissermassen «verehre», also wertschätze, dann entspricht das genau der biblischen Weihnachtsbotschaft: Wer göttliche Liebe zu empfangen vermag, kann nicht anders, als diese den Menschen weiterzuverschenken. Geschenke sind Zeichen der Liebe, der Wertschätzung und des Dankes. Allerdings nur dann, wenn sie nicht aufgrund von kommerziellem Druck, sondern im Herzensgrund entstehen. Sie müssen in dem Sinn also auch nicht immer von materieller Natur sein oder auf einen Nutzen hinzielen.

Den Wert von Geschenken zu erfassen, die mit Liebe, Dank und Achtung in engem Zusammenhang stehen, kann mit Kindern relativ einfach geübt werden. Schon sehr kleine Kinder können zwischen Kommerz und Zeichen der Wertschätzung unterscheiden. Deklarieren Sie Kindern immer wieder den Grund, weshalb Sie ihnen gerade jetzt gerade diese Aufmerksamkeit schenken. Wenn Sie beispielsweise den Kindern zwischendurch eine süsse Zwischenmahlzeit vom Bäcker gönnen, dann deklarieren Sie dies verbal als Geschenk aus Liebe. Richten Sie Ihre Familienferien für einmal nach den Wünschen der Kinder, dann deklarieren Sie auch diese Entscheidung als Geschenk. Den extra kunstvoll dekorierten Geburtstagskuchen, den selbstgestrickten Schal, Zeit, die Sie sich nehmen für die Kinder ... vieles im Alltag fällt von Natur aus in die Kategorie von Liebesgeschenken. Betonen Sie im Gegenzug auch Ihre eigene Dankbarkeit für die Geschenke, die Sie von den Kindern erhalten. Wenn die Kinder kleine Aufgaben erledigen und Sie damit entlasten. Wenn sie Ihnen eine Zeichnung schenken. Wenn sie aus eigenem Antrieb etwas aufräumen oder für Sie erledigen. Bedanken Sie sich sprachlich klar und ausführlich für diese «Geschenke der Wertschätzung».

Wenn Kinder die Grundstruktur von Beschenktwerden und Schenken einmal erfasst haben, entlastet dies vom Druck des kommerziellen Geschenkemachens. Kinder lernen den Wert eines sorgfältig geplanten gemeinsamen Ausflugs vom Wert einer schnell gekauften Spielkonsole zu unterscheiden. Sie können eine Ahnung davon entwickeln, was Geschenke aus Liebe und Wertschätzung für das Leben eines Menschen bedeuten können.

Unterstützend in diesem Lernprozess wirkt auch die Haltung «weniger ist mehr». Fallen Geschenke weniger oft und weniger gross aus, sind sie für Kinder einfacher als solche erkennbar.

« Wer göttliche Liebe zu empfangen vermag, kann nicht anders, als diese den Menschen weiterzuverschenken. Geschenke sind Zeichen der Liebe, der Wertschätzung und des Dankes. »

## Gutschein-Adventskalender

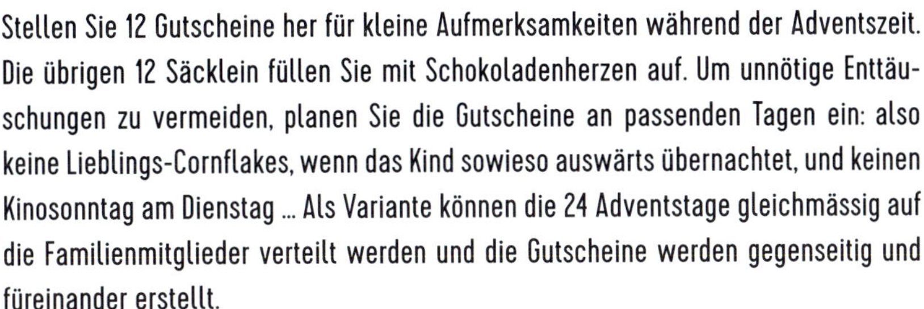

Stellen Sie 12 Gutscheine her für kleine Aufmerksamkeiten während der Adventszeit. Die übrigen 12 Säcklein füllen Sie mit Schokoladenherzen auf. Um unnötige Enttäuschungen zu vermeiden, planen Sie die Gutscheine an passenden Tagen ein: also keine Lieblings-Cornflakes, wenn das Kind sowieso auswärts übernachtet, und keinen Kinosonntag am Dienstag ... Als Variante können die 24 Adventstage gleichmässig auf die Familienmitglieder verteilt werden und die Gutscheine werden gegenseitig und füreinander erstellt.

Mögliche Gutscheine:

- Lieblings-Cornflakes zum Morgenessen
- Eine Mahlzeit auf Wunsch
- Ein Kino-Familiensonntag
- Ein kleiner Geldbetrag, um sich am Weihnachtsmarkt etwas zu kaufen
- Tagesdispens vom Gemüse-Essen
- Kaffee zum Morgenessen anstatt Ovomaltine
- Ausserordentlicher TV-Abend
- Verlängerung der Medienzeit um eine Stunde
- Tagesdispens von zugeteilten kleinen Hausarbeiten
- Materieller Spezialwunsch à la extra flauschige Socken oder Papiertaschentücher mit Pfirsichgeschmack
- Küche aufräumen
- Sonntagsbrunch ans Bett bringen
- Lieblingsgebäck backen
- Einkauf erledigen
- Rückenmassage
- Lieblings-Schokoladetafel für den ganz privaten Bedarf
- Die ganze Wohnung staubsaugen
- Eine Gutenachtgeschichte erzählen
- Lieblingsspiel-Zeitfenster
- Hilfe beim Zimmeraufräumen

## Persönliche Geschenkanhänger

Schneiden Sie aus dickem Farbpapier zwei deckungsgleiche Herzen aus. In das eine schneiden Sie in der Mitte ein Fenster, das sich wie bei einem Adventskalender öffnen und schliessen lässt. Auf das andere kleben Sie genau an dieser Stelle, an der beim anderen das Fenster ist, ein kleines Porträtfoto des Kindes. Kleben Sie nun die beiden Herzen aufeinander, so dass beim Öffnen des Fensters das Portrait zum Vorschein kommt. Das obere Herz kann nach Gutdünken noch bemalt und mit dem Namen der beschenkten Person versehen werden. Auf der Hinterseite hat es Platz für einen persönlichen Wunsch des Kindes an die beschenkte Person.

## Dank für die Bescherung

Anstatt das Weihnachtsfest gegen Ende – meist der Müdigkeit der Kinder angepasst – planlos ausklingen zu lassen, kann ein kleines Abschlussritual einen schönen Schlusspunkt setzen. Drücken Sie in einer Ihnen angepassten Form ein Dankeschön dafür aus, dass die allermeisten von uns hier im deutschsprachigen Raum Europas überhaupt in der nicht selbstverständlichen Situation stehen, einander an Weihnachten beschenken zu können. Vielleicht sprechen Sie ein Dankgebet, ein paar gereimte Sätze des Dankes oder bleiben eine Minute mit verbundenen Händen still im Stehkreis.

Ein mögliches Dankgebet:

Ein schönes Fest geht dem Ende zu
Danke sagen wir von Herzen
Geschenke haben getauscht: ich und du
Durften essen, feiern, reden, scherzen
Gesegnet mögen wir weitergehn
Uns bald schon wiedersehn.
Amen.

*Christkind und Sankt Nikolaus, S. 101*

## Weihnachtsspende

Informieren Sie sich während der Adventszeit über die verschiedenen Projekte von Hilfswerken, die Sie mit einer Spende unterstützen könnten. Wählen Sie Projekte, die für die Kinder einfach zu verstehen sind und am Ende auch Kindern zugutekommen. Erzählen Sie vor der eigentlichen Bescherung am Weihnachtsfest von diesem Projekt und animieren Sie die Kinder je nach Alter dazu, ebenfalls einen Batzen beizutragen. Sie können auch ein Projekt wählen, das Sie vielleicht sowieso schon jährlich unterstützen.

*Amelie Benn, Die Geschichte vom heiligen Nikolaus, mit Illustrationen von Kerstin M. Schuld, Loewe Verlag, Bindlach 2019.*

*Lorenz Pauli, Wie weihnachtelt man?, mit Illustrationen von Kathrin Schärer, Verlag Fischer-Sauerländer, Frankfurt a. M. 2012.*

« Wenn Kinder die Grundstruktur von Beschenktwerden und Schenken einmal erfasst haben, entlastet dies vom Druck des kommerziellen Geschenkemachens. »

Flynn, 7 Jahre

## Gottessohn, Gesalbter, Retter

Von den sogenannten «christologischen Titeln», die dem neugeborenen Jesuskindlein in den Weihnachtslegenden zugeschrieben werden, stammen die meisten aus der alten jüdischen Messiastradition. Es ist der im Alten Testament angekündigte Messias, der Gesalbte, der Christus und damit der lange erwartete Retter und König des Friedens, der nun endlich geboren wird. Die Tatsache, dass die christologischen Titel im kirchlichen Umfeld bis heute gern verwendet werden, drückt aus, dass die menschliche Sehnsucht nach Rettung und Frieden bis heute durch niemanden gestillt werden konnte. Die Idee, es möge eine Person geben, die ihre ganze Macht für ein Leben in Frieden, Versöhnung und Freisein von Angst in dieser Welt einsetzt, beflügelt Menschen heute nicht weniger als damals.

Sowohl Kinder wie auch Erwachsene orientieren sich in ihrem Bemühen, Sehnsüchte zu stillen, gern an Vorbildern: an Familienmitgliedern, Freunden und Freundinnen, Helden aus Literatur und Film, Politikern, Geistlichen und Künstlerinnen, Stars aus der Medienwelt und vielen mehr. Vorbilder zeichnen sich als solche aus, indem sie in einem oder mehreren spezifischen Bereichen ihres Lebens besonders wertvolle Spuren für diese Welt hinterlassen haben – oder immer noch hinterlassen.

Aus Tagebüchern, Biografien, überlieferten Texten und Aufzeichnungen mündlicher Worte sind über viele grosse Vorbilder, beispielsweise über Mutter Theresa oder Martin Luther King, nicht nur deren «äusserliche» Lebensläufe, sondern auch deren Gedanken des Herzens bekannt.

Über das Leben und Denken des Jesus von Nazaret wird hingegen ausserbiblisch mit Ausnahme seines Namens und einer knappen Erwähnung der Kreuzigung nichts berichtet. Es sind lediglich die Quellen der Bibel und ihres

Und der Engel antwortete ihr: Heiliger Geist wird über dich kommen, und Kraft des Höchsten wird dich überschatten. Darum wird auch das Heilige, das gezeugt wird, Sohn Gottes genannt werden. (Lukas 1,35)

Euch wurde heute der Retter geboren, der Gesalbte, der Herr, in der Stadt Davids. (Lukas 2,11)

Umfelds, in denen die Berichte und Gedanken rund um die Person Jesus von Nazaret dafür umso ausführlicher ausfallen. Im Vordergrund steht dabei immer die ausserordentliche Konsequenz seines Einstehens für Menschenwürde und Frieden. Sein Leben, Reden und Wirken werden in einer solch radikalen Liebes- und Friedenshaltung geschildert, wie dies für Menschen gar nicht möglich sein kann. Der Titel «Gottessohn», der einen Menschen bezeichnet, der so vollkommen ist wie Gott, ist für Jesus deshalb durchaus passend. So muss der Begriff des Vorbilds mit Blick auf ihn vielleicht besser durch den Begriff des Modells ersetzt werden. Ein Modell ist in sich absolut vollkommen und konsequent. Ein Vorbild hingegen ist – als Mensch – ebenfalls verletzlich, fehlerhaft und in seinen Möglichkeiten beschränkt.

« Die Idee, es möge eine Person geben, die ihre ganze Macht für ein Leben in Frieden, Versöhnung und Freisein von Angst in dieser Welt einsetzt, beflügelt Menschen heute nicht weniger als damals. »

Wer einem Kind die Weihnachtsgeschichte erzählt, wählt also durch seine Wortwahl bereits im Voraus, ob dabei der menschliche, unvollkommene, kleine Säugling Jesus in seiner Verletzlichkeit im Vordergrund steht, der auf das Wunder des Lebens und die Notwendigkeit einer füreinander sorgenden Haltung hinweist. Oder ob mit dem Christkindlein der Fokus bereits auf das vollkommene Modell gelegt wird, das die Möglichkeit eröffnet, die eigenen, meist ambivalenten Wahrnehmungen und Erfahrungen im Zusammenhang mit der persönlichen Sehnsucht nach Frieden an ihm zu messen. Bereits die Wahl des Namens «Jesuskindlein» oder «Christkindlein» ist weichenstellend.

Gottessohn, Gesalbter, Retter – das sind grosse abstrakte Titel, die ein Kind frühestens ab der Primarschule ansatzweise in sein bestehendes Gottes- und Jesuskonzept wegweisend einordnen kann. Viele Menschen tun sich selbst im Erwachsenenalter noch schwer damit. Es ist deshalb ratsam, beim Erzählen der Weihnachtsgeschichte zumindest bei kleineren Kindern sparsam mit der Verwendung dieser christologischen Titel umzugehen.

In der kindlichen Erfahrungswelt ist von allen christologischen Titeln derjenige des Retters wohl am ehesten präsent. Entscheiden Sie sich dazu, bereits kleineren Kindern vom Christkind im Sinn eines göttlichen Modells zu erzählen, so dürfte Ihnen dies deshalb am einfachsten anhand der Rettervorstellung gelingen. «Wer würde gern von was gerettet werden?» Diese Leitfrage lässt sich auf die verschiedenen Rituale der Adventszeit übertragen. Beispielsweise auf das Aufstellen der Krippenfiguren.

Für die persönliche Entwicklung eines gesunden und bereichernden Jesuskonzepts ist die Herausforderung, den verletzlichen kleinen Jesus und den vollkommenen Gottessohn Jesus Christus in eine einzige Figur hinein zu denken, förderlich und hilfreich. Schön, wenn es Ihnen gelingt, die beiden Vorstellungen durch die entsprechende Begriffswahl klar zu trennen und dennoch beide gleichzeitig ins Spiel zu bringen.

## Wen rettet das Jesuskindlein?

Planen Sie das Aufstellen der Familienkrippe an einem Abend im Advent im Zeitfenster der täglichen Gutenachtgeschichte ein. Stellen Sie die Krippenfiguren einzeln an ihren Ort und erzählen Sie dabei, weshalb es diesen damals so schlecht erging: Sie waren arm, politisch unterdrückt und wussten oft nicht, was sie am nächsten Tag zu essen fänden. Maria und Josef hatten zudem eine lange, beschwerliche Reise hinter sich. Legen Sie das Jesusfigürchen erst zum Schluss in die Krippe und erzählen Sie dabei blumig und ausführlich, wie das Neugeborene unverhofft alles Schwere vergessen machen konnte. Vielleicht stellen Sie den Kindern im Anschluss die Frage: «Hat dich auch schon einmal etwas Wunderbares aus einer schweren Zeit gerettet?»

## Das Kindlein und die Wurzel

Das starke Bild des Friedensbringers, der aus einer alten Wurzel neu hervorspriesst, stammt aus dem Buch Jesaja. Der eindrückliche Text in Jesaja 11,1–9 ist auch Grundlage des bekannten Weihnachtslieds «Es ist ein Ros entsprungen».

Wenn Sie in diesem Sinn das Jesusfigürchen anstatt in eine Krippe auf eine kleine Wurzel legen, bringen Sie zum Ausdruck, dass dieses Kindlein in eine lange Tradition eingebettet ist, die sich bis heute stark macht für die Menschenwürde und den Frieden. Vielleicht singen Sie gemeinsam das Lied «Es ist ein Ros entsprungen», während Sie das Krippenfigürchen platzieren. Möglicherweise finden Sie auch eine grosse Wurzel, auf der sämtliche Krippenfiguren platziert werden können.

## Meditieren mit Kindern

Mit Kindern ab ca. 9 Jahren kann der abstrakte Begriff des Friedens anstatt mit Geschichten gut auch mit einer Textmeditation thematisiert werden. Vielleicht an einem Adventssonntag oder am Weihnachtsfest vor der Bescherung. Mit geschlossenen Augen. Vielleicht mit leiser Hintergrundmusik. Der Friedenstraum nach Jesaja 11,1–9 bietet sich in besonderer Weise an:

Alle sorgen sich zuerst um ihr eigenes Wohl.
Jeder denkt zuerst an seinen eigenen Geldbeutel.
Jede will die Beste sein und angesehen und mächtig.
Deshalb gibt's Streit und Krieg.
So ist es!
Ist es so?
Wo kämen wir denn hin, wenn wir uns damit begnügen würden?
Nirgendwohin.
Mausbeinallein könnten wir uns in eine Höhle verziehen und uns um uns selbst drehen.
Unseren eigenen Frieden suchen, haben und geniessen.
Langweilig!
Ein solcher Friede muss sehr langweilig und einsam sein.

Interessanter geht's zu und her im Friedenstraum des Propheten Jesaja.
Er hat einen seiner grössten Träume vor vielen Jahren für uns aufgeschrieben.
Er schreibt von einer Stimme, die ihm Folgendes berichtete:
Aus einem uralten Baumstrunk mit grossen verknorzten Wurzeln wird dereinst ein kleines, grünes Ästchen spriessen.
Eines Frühlings wird dieses Ästchen zu blühen beginnen, und wenn es alt genug ist, bringt es vielen Menschen süsse Früchte.
Wer von diesen Früchten isst, wird ein glückliches Leben haben.
Gesunde und Kranke gleichermassen, Reiche und Arme, Angesehene und Unscheinbare – sie alle werden frohen Herzens sein.
Die Früchte dieses Ästchens erfreuen die Menschen von innen heraus.
Und sie veranlassen die Menschen, ihre Freude zu teilen.
Sogar mit den Tieren.
Für sie gehört es zum Alltag, dass ein Wolf friedlich neben einem kleinen Schaf liegt, ein Löwe neben einem Kälblein, und dass Kinder mit Giftschlangen spielen.

Die Welt dieser Menschen ist aufregend, interessant, farbenfroh.
Friedlich eben.

Der uralte Baumstrunk, der in diesem Traum vorkommt, war dem Propheten Jesaja bekannt.
Es handelte sich um Jesse, den Vater des Friedenskönigs David.
David, Jesses Sohn – das grüne Ästchen –, brachte vielen Menschen Farbe und Friede.
So wie Jesus etwa tausend Jahre später.
Tausend Jahre lang haben Menschen einander von Davids Frieden erzählt.
Erzählt und geträumt von noch grösserem Frieden.
So wie Jesaja.
Und ein grünes Ästchen wuchs, blühte und brachte neue Früchte.
Diesmal trug es den Namen Jesus.
Von all den anderen grünen Ästchen dazwischen wurde leider nichts aufgeschrieben.
Doch es gab sie mit Sicherheit!
Auch danach.
Und auch heute gibt es sie.
Wo und wann sehen wir wohl das nächste Ästchen spriessen?
Wo riechen wir den Duft seiner Blüte?
Wann spüren wir die Süsse seiner Früchte?
Erzähle weiter – vom Traum des Friedens!
Wo kämen wir denn sonst hin?

*Weihnachtslieder: Es ist ein Ros entsprungen, S. 134*
*Dreikönigsfest, S. 143*

## Das Friedenslicht zum 3. Advent

**In der Geburtsgrotte in Betlehem entzündet jedes Jahr ein Kind ein Licht – das Friedenslicht, das mit einer speziellen Laterne mit dem Flugzeug nach Wien gebracht wird. Von dort aus wird es an über 30 Länder in Europa und in Übersee weitergegeben. Auch an die Schweiz mit Destination Zürich. Von da können Kirchgemeinden und weitere Institutionen das Friedenslicht an ihren eigenen Ort holen. Das Friedenslicht wird also von Mensch zu Mensch weitergeschenkt und bleibt doch immer dasselbe Licht aus Betlehem. Viele Kirchgemeinden gestalten besondere Feiern zum Friedenslicht am 3. Advent – vielleicht ist in Ihrer Nähe eine kinderfreundliche geplant.**

*www.friedenslicht.ch*

# Traditionen und Brauchtum neu belebt

## Leihen

Die Sprachlose leiht sich ein Gedicht.
Die Müde ein Lied.
Die Vergessliche eine Geschichte.
Die Verunsicherte eine Geste.
Die Trauernde einen Vers.
Die Zweifelnde leiht sich ein Ritual.
Jede reiht sich ein in die lange Geschichte.
Die vor ihr begann und nach ihr weitergeht.
Die wahr wird für sie in diesem Moment.

*Aus: Christina Brudereck, Für alles gibt es eine Zeit, Rituale für Tag, Jahr und Leben, SCM Verlagsgruppe, Holzgerlingen [3]2018.*

Traditionen, Bräuche und Rituale wie Leihgaben zu betrachten, ist sehr naheliegend. Die vielen Sehnsüchte, Klagen, Wünsche und Hoffnungen, die Menschen während der dunklen und kalten Adventszeit durchleben, verlangen nach Ausdrucksformen. Ein jeder, eine jede sucht sich dabei seine und ihre eigene Form.

Die Schatzkiste für die Weihnachtszeit zu öffnen, bedeutet deshalb nicht nur, die biblische Symbolsprache zum Leuchten zu bringen, sondern auch, die Kinder mit den vielen Bräuchen, Ritualen und kulturellen Gütern, die sich über die Jahrhunderte und -tausende immer wieder verändert und entwickelt haben, vertraut zu machen. Viele alte Vorstellungen und Bräuche aus der Zeit der Helvetier und Germanen haben sich im Raum Europas mit späteren christlichen, biblischen oder kirchlichen Elementen vermischt. Die heutige Advents- und Weihnachtskultur im deutschsprachigen Raum mit ihrem Brauchtum ist das Ergebnis eines langen Prozesses von Vermischung und Abgrenzung, regionaler Eigenständigkeit und

Abhängigkeit, Bewahrung und Neuentwicklung. Im Folgenden werden bedeutsame Elemente aus dieser Entwicklung herauskristallisiert und für die Gestaltung der Weihnachtszeit mit Kindern ins Blickfeld genommen.

Was unter diesen Anregungen nicht aufgeführt wird, sind Bräuche und Symbole, die nicht – oder nur sehr am Rande – mit der biblischen Weihnachtsbotschaft im Zusammenhang stehen. Weihnachtsmänner, Rentiere, Lametta oder Tannenbäume werden in diesem Buch nicht als «Leihgaben» zur Verfügung gestellt.

Céline, 6 Jahre

# Christkind und Sankt Nikolaus

Die ersten Christen und Christinnen sahen in Jesus von Nazaret den gesalbten, in der jüdischen Messiastradition erwarteten Erlöser und Retter (griechisch: Christos). In den nach Jesu Tod entstandenen Kindheitslegenden wurde das Jesuskindlein so zum Christuskindlein.

Im Laufe der Jahrhunderte, als sich das Weihnachtsfest mit dem Brauch des sich gegenseitig Beschenkens zu verbinden begann, verwandelte sich dieses Kind in der religiösen Volkstradition mehr und mehr zur Gestalt eines Gabenbringers. So wie Jesus den Menschen die Liebe und den Frieden geschenkt hatte, so brachte das Christkind nun die Geschenke zu Weihnachten. Dazu musste es aber natürlich grösser sein als ein Neugeborenes und brauchte Flügel. So sieht man das Christkind heute auf Kitschpostkarten und in Werbefilmen als – meist weiblichen – Engel mit Heiligenschein und vielen Geschenken auf den Armen.

Auch der Sankt-Nikolaus-Besuch am 6. Dezember ist mit Geschenken verbunden. Rund um den heiligen Bischof Nikolaus von Myra, in der heutigen Türkei, aus dem 4. Jahrhundert ranken sich viele verschiedene Legenden. Alle erzählen sie von Wundertaten und bischöflichen Geschenken, die den armen Menschen seiner Region zugutekamen. Bischof Nikolaus sorgte sich nicht nur um das Wohl der angesehenen Leute, sondern vorbehaltlos auch um dasjenige von Menschen am Rande. Dafür wird er als Heiliger verehrt.

Bereits im Mittelalter haben sich diese Nikolaus-Legenden im Volksglauben vermischt mit den moralisch vorherrschenden Vorstellungen von Gut und Böse, Himmel und Hölle, Gott und Teufel. Vor allem im Winterhalbjahr, nach Halloween und Allerseelen entwickelten sich in diesem Bereich viele Vorstellungen und Bräuche. Knecht Ruprecht und ähnliche Figuren haben sich dabei als ambivalente

**weitere Gabenbringer herauskristallisiert, die wie Sankt Nikolaus zwar Geschenke bringen, jedoch lediglich für diejenigen Menschen, die gute Taten und ein moralisch reines Verhalten vorweisen können. Knecht Ruprecht, Schmutzlis oder Krampusse gesellen sich deshalb seit dem Mittelalter zu Sankt Nikolaus und prägen an verschiedenen Orten unterschiedliche Chlausbräuche.**

Kinder in die Bräuche des Christkinds und des Nikolaus einzuführen hat – entgegen vielerlei Befürchtungen – nichts mit Anlügen zu tun. Die schöne Spannung, die vor der verschlossenen Wohnzimmertür oder auf dem Weihnachtsspaziergang unmittelbar vor der Bescherung entstehen kann, ist eine prägende positive Erfahrung, die bereichernd auf die kindliche Entwicklung einwirkt. Ebenso die Spannung vor dem Nikolausbesuch.

Für die gesunde Entwicklung eines tragenden Gottes- und Jesuskonzepts ist es mit Blick auf das Christkind ratsam, dieses sprachlich vom Jesuskind in der biblischen Weihnachtsgeschichte zu unterscheiden. Der komplizierte Zusammenhang des geflügelten Mädchens im weissen Gewand mit dem Säugling in der Krippe ist für kleine Kinder kaum nachvollziehbar und wirkt so für Verstehensprozesse eher hindernd. Dessen Erwähnung darf für diejenige Zeit aufgespart werden, in der ein Kind «den Fall Christkind» bereits von selbst aufgelöst hat.

Die Lösungswege des Falls «Christkind» und des Falls «Nikolaus» sind für kleine Kinder lange Wege mit vielen Sackgassen und Umwegen. Ein ideales Übungsfeld, um sich in der symbolischen, religiösen Sprachwelt allmählich zurechtzufinden und eigene Vorstellungen, Haltungen und Meinungen zu entwickeln. Wenn Sie sich dafür entscheiden, Kinder auf diesen Weg zu schicken, so empfiehlt es sich im Voraus zweierlei zu beachten. Einerseits gilt es, bestimmte Merkmale der beiden Figuren festzulegen. Ein wichtiges Merkmal wäre beispielsweise die Funktion des Christkinds: stammen die Geschenke von ihm selbst? Oder ist das Christkind lediglich der Überbringer der Geschenke, die letztlich von den Grosseltern, Paten etc. kommen? Je nachdem kann sich ein Kind bei seinen Grosseltern für das Geschenk bedanken, oder es bedankt sich beim Christkind. Das wichtigste Merkmal beim Nikolaus ist wohl dessen Rolle als Überbringer von Lob und/oder Tadel: Soll der Nikolaus tatsächlich für jedes Kind individuell Lob und Tadel bringen? Oder nur Lob? Und was geschieht, wenn die örtliche Tradition anders ist als gewünscht?

Mit solchen Vorüberlegungen ist zweitens eine gute Philosophieübung für Erwachsene verbunden. Denn soll die Einführung der beiden Bräuche zum Christkind und zum Sankt Nikolaus tatsächlich nicht einer Lüge gleichen, so ist es wichtig, den Kindern die Lösungswege offen zu halten. Klare Antworten auf Fragen oder detaillierte Beschreibungen zu Figuren sind fehl am Platz. Vielmehr laden die beiden Bräuche zum gemeinsamen Philosophieren ein. Die Fragen der Kinder sind der Ausgangspunkt für weitere Anschluss-Fragen. Sie sind Anlass dafür, Kindern zu zeigen, dass auch Erwachsene nicht alles wissen. Sie helfen zu erkennen, dass es nicht immer wichtig ist, alles in ein Raster von Richtig und Falsch einordnen zu können.

Kinder am 6. Dezember in das Brauchtum rund um den heiligen Nikolaus einzuführen, bedeutet zudem, dem weihnächtlichen Schatz des «einander von Herzen Beschenkens» Ausdruck zu verleihen.

Wenn Sie sich noch vor der Anmeldung für einen Nikolaus-Besuch bei Ihrer Gemeinde oder Kirchgemeinde informieren, wie diese Besuche durchgeführt werden, ist es wichtig, dass Sie stets den Geschenkcharakter dieses Brauchs im Auge behalten. Die Chlaus-Säcklein sollen die Kinder von Herzen erhalten, nicht aufgrund möglichst vieler guter Taten! Eine Rute für schlechte Taten hat ihren Platz an diesem Ort deutlich verfehlt. Es sei denn, sie komme im Kleid eines Barbarazweigs daher.

« Die Lösungswege des Falls ‹Christkind› und des Falls ‹Nikolaus› sind für kleine Kinder lange Wege mit vielen Sackgassen und Umwegen. »

## Porträt-Galerie

Die Begegnungen während der Adventszeit mit Nikoläusen, weiteren Kläusen und Weihnachtsmännern sind vielfältig und für manche Kinder verwirrend. Welches ist denn nun «der Echte»? Eine Lösungsfindung gestaltet sich für Kinder einfacher, wenn sie zuerst einmal eine Ordnung aller Eindrücke erstellen können. Halten Sie dazu sämtliche Begegnungen mit den vielen verschiedenartigen (Ni-)Kläusen während der Adventszeit gemeinsam mit den Kindern folgendermassen fest: Jeder (Ni-)Klaus erhält ein Porträtbild und folgende Bemerkungen dazu:

- Ort der Begegnung (wahrscheinlich Wohnort des Klaus)
- Besonderheit an seinem Aussehen
- Sein allfälliges Geschenk
- Sein allfälliger Begleiter

Je nach Schreibfähigkeit der Kinder werden die Bemerkungen durch die Erwachsenen dazu geschrieben. Am Ende erhält jedes Porträt gemäss erstellter Skala seine angemessene Anzahl Sympathiepunkte.

## Der Fall «Christkind»

Der Fall «Christkind» ist komplex. Wie sieht es aus? Wo wohnt es? Wie erreicht es an einem einzigen Abend Tausende von Menschen? Wie transportiert es all die Geschenke? Wie schlüpft es ins Wohnzimmer? Ist es nur erfunden? Wenn solche Fragen von den Kindern an Sie herangetragen werden, helfen kleine Detektivarbeiten, um den Fall allmählich und sorgfältig zu lösen. Schreiben Sie eine an die Kinder adressierte Karte mit folgendem Text:

Liebe Kinder (evtl. Namen)
Ich brauche eure Hilfe! Ich möchte unbedingt das Christkind sehen. Ich möchte es nämlich fragen, wie das genau geht mit dem Transport der vielen Geschenke, die es jedes Jahr verteilen muss. Und natürlich möchte ich mich auch bei ihm bedanken.
Könnt ihr mir sagen, auf was ich achten muss, damit ich das Christkind nicht verpasse? Wisst ihr, wie es aussieht? Woher es kommt an Weihnachten? Oder sonst etwas?
Herzliche Grüsse und danke für eure Hinweise an folgende Adresse:
Detektivbüro Hinterwald

Lassen Sie ein Kind die Karte aus dem Briefkasten holen und lesen Sie sie vor. Sammeln Sie dann gemeinsam Ideen, wie die Kinder zu Antworten kommen könnten. Diese Möglichkeiten gibt es ausserdem:

- Interviews mit anderen Kindern führen: Was weisst du über das Christkind?
- Bilder vom Christkind sammeln: jedes Kind malt das Christkind nach seiner Vorstellung
- Geschichten sammeln, die vom Christkind erzählen
- Christkind-Bilder aus dem Internet ausdrucken und mit den Kindern darüber philosophieren (Achtung: Bilder vom Jesuskind in der Krippe erst für Kinder ab ca. 6 bis 7 Jahren ausdrucken!)
- Ideen-Wettbewerb: Welche Transportmöglichkeit für die vielen Geschenke wäre am effektivsten?
- Gemeinsam die drängendsten Fragen sammeln und dem Christkind einen Brief (ev. mit Zeichnungen) schreiben.

*Weihnachtsausstellungen zu Bräuchen und Traditionen jährlich aus einem anderen Land: www.kindermuseum.ch*

*Einander von Herzen beschenken, S. 87*
*Barbarazweige, Menschenrechtstag und Sankt Luzia: Wunderzweige, S. 138*

Livio, 9 Jahre

# Adventskranz

Der Adventskranz ist eine relativ junge Erscheinung aus dem 19. Jahrhundert. Der evangelische Pfarrer Johann Heinrich Wichern gründete 1833 in Hamburg das «Rauhe Haus», in dem er gefährdete, verwahrloste Jugendliche aufnahm und betreute. Zum Tagesablauf gehörte jeden Tag eine Morgenandacht. 1838 fiel der erste Adventssonntag genau auf den 1. Dezember. So liess Pfarrer Wichern für seine täglichen Andachten im Betsaal ein hölzernes Wagenrad aufhängen, das mit 23 Kerzen bestückt war: Vier grosse weisse für die vier Adventssonntage und neunzehn kleine rote für die übrigen Tage. Für den 24. Dezember gab es eine besondere Kerze, die nicht am Rad war. Dieses Wagenrad fand so viel Anklang, dass es in den kommenden Jahren als Adventskranz immer wieder aufgehängt und mit Tannzweigen geschmückt wurde. Die Jugendlichen trugen die Idee in die Bevölkerung hinaus, und so verbreitete sich der Adventskranz in ganz Europa.

Der Adventskranz lädt zu besinnlichen Momenten ein, in denen das bevorstehende Fest im Mittelpunkt steht. Da viele Kinder nicht gewohnt sind, eine besinnliche Haltung einzunehmen, eignen sich die vier Kerzen des Adventskranzes ausgezeichnet, um dies einzuüben. Wer sich Kompetenzen im Innehalten bei besinnlichen Momenten und Time-outs aneignet, bereichert die persönliche Lebensgestaltung. Die Fokussierung aller Sinne auf einen einzigen Lebensaspekt für eine bestimmte Zeitdauer hat normalerweise kaum je Platz im Alltag. Time-outs müssen deshalb bewusst eingeplant werden. Wenn Sie das Entzünden der Kerzen also im Zusammensein mit den Kindern an den vier Adventssonntagen vielleicht jeweils vor dem Morgenessen einplanen, dann schenken Sie ihnen eine Idee davon, wie wegweisend und je nach Gestaltung auch faszinierend eine regelmässige Zeit der Besinnung sein kann.

## Weihnachtsgeschichte in vier Teilen

Erzählen Sie die Weihnachtsgeschichte in vier Teilen, passend zu den vier Kerzen des Adventskranzes.

1. Advent: Der Engel Gabriel kommt zu Maria (Lukas 1,26–38)
2. Advent: Jesus wird geboren (Lukas 2,1–7)
3. Advent: Besuch der Hirten (Lukas 2,8–20)
4. Advent: Besuch der Sterndeuter (Matthäus 2,1–12)

*Die biblische Weihnachtsgeschichte erzählen, Altersgerechtes Nacherzählen, S. 20*

## Vier Stimmungsbilder

Sowohl Erwachsene wie auch Kinder halten nach dem Entzünden der jeweiligen Adventskerze ihre aktuelle Vorweihnachtsstimmung bildlich oder schriftlich fest. Entweder gemeinsam auf einem grossen Plakat oder jedes für sich auf einem separaten Blatt. Dazu kann weihnächtliche Musik gehört und/oder ein Redeverbot eingeführt werden. Am vierten Adventssonntag werden die vier entstandenen Bilder oder Texte miteinander verglichen.

Folgende Hilfsfragen eignen sich:

- Auf was freue ich mich gerade?
- Mit wem werde ich den Festabend verbringen?
- Was werden wir zusammen reden und tun?
- Was steht meiner Freude gerade im Weg?

## Sprüche meditieren

Legen Sie zu jeder der vier Adventskerzen je einen kurzen Adventsspruch. Beim Entzünden der Kerze lesen Sie den Spruch in besinnlicher Atmosphäre vor und geben ihn nach einer stillen halben Minute an die nächste Person weiter. Diese liest denselben Spruch nochmals und gibt ihn wiederum nach einer stillen halben Minute weiter. Und so fort. Sind Kinder anwesend, die noch nicht lesen können, wird der Spruch auswendig gelernt oder von den Erwachsenen mehrmals gelesen. Beendet wird die Spruchmeditation mit einem kurzen gemeinsamen Händedruck. Folgende Sprüche können Sie beispielsweise verwenden:

- Licht ist etwas, das sich im Inneren entfaltet und nach aussen strahlt.
  (Gudrun Kropp)
- Die schönste Art des Wartens ist die Vorfreude.
  (Thomas Romanus)
- Ein ganz klein wenig Süsses kann viel Bitteres verschwinden lassen.
  (Francesco Petrarca)
- Hüpfen soll das Herz und fröhlich sein, in dieser Zeit kehren die Engel bei dir ein.
  (Jo M. Wysser)

*Kein Platz in der Herberge: Outdoor-Adventskranz, S. 61*
*Licht in der Finsternis: Doppelte Adventskerzen, S. 73*
*Licht in der Finsternis: Die vier Adventskerzen rituell entzünden, S. 74*
*Adventskalender: Geschichten-Adventskalender «Fürchte dich nicht!», Die vier Kerzen, S. 113*

Sue, 8 Jahre

# Adventskalender

Den Adventskalender gibt es in der heutigen Form erst etwa seit der Wende zum 20. Jahrhundert. Ein gewisser Gerhard Lang nervte damals seine Mutter jeden Tag im Dezember mit der Frage: «Mama, wann ist endlich Weihnachten?» Da nahm die Mutter 24 kleine Schachteln, legte in jede ein Weihnachtsgebäck und versah die Schachteln mit Nummern. Gerhard hörte auf zu fragen und genoss jeden Tag die süsse Überraschung.

Als Gerhard erwachsen wurde, erlernte er den Beruf des Lithografen und gründete eine Druckerei. Eines seiner ersten Produkte war dann ein gedruckter Adventskalender, hinter dessen Törchen je ein weisheitlicher Spruch und ein Bildchen zu finden waren.

Der enge Zusammenhang des Adventskalenders mit dem Weihnachtsfest ist bis heute eine schöne Möglichkeit, die Zeit der Erwartung für Kinder in eine ganz besondere Zeit zu verzaubern. Bei der Auswahl oder Gestaltung eines Adventskalenders geht es nicht darum, ihn einfach mit irgendwelchen Geschenken zu füllen, die geradesogut auf einen Geburtstag oder einen anderen Anlass hinweisen könnten. Eigentliche Geschenke gehören zum Tag des Festes, nicht zur Adventszeit. Die Adventszeit greift die menschliche Kompetenz des «Wartenkönnens» auf und hat noch nichts mit dem späteren Geschenke-Erhalten zu tun. Der Inhalt eines Adventskalenders orientiert sich deshalb an kleinen, symbolischen Hinweisen auf das Fest.

Wartenkönnen geht von Natur aus nicht, ohne wachsam zu sein. Die Zeichen dessen, was erwartet wird, wollen erkannt und richtig zugeordnet werden. Dabei kann Kindern mit dem Adventskalender geholfen werden. 24-mal werden sie im Vorfeld des grossen Festes auf attraktive, symbolische Weise dazu motiviert, die geforderte Geduld, die Spannung und die Vorfreude zu schätzen, anstatt daran zu verzweifeln. Vielleicht finden Sie bei «Ihren» Kalendern sogar Möglichkeiten, inhaltlich den Bezug zu

Maria und Josef sichtbar zu machen, die zwar eine beschwerliche, jedoch hoffnungsvolle Zeit der Erwartung hatten, bis ihr Kind dann endlich geboren wurde.

## Durchhaltevermögen beim Rätseln!

«black stories» gehören mittlerweile zu den Beststellern in Spielwarengeschäften und Buchhandlungen. Eine allen Mitspielenden mitgeteilte Endszene ist dabei der Ausgangspunkt für die gemeinsame Suche nach der tragischen Geschichte, die dieser vorausgegangen ist. Wie beim Warten auf Weihnachten braucht es auch bei diesem Spiel viel Geduld. Nur mit beharrlichen und cleveren Fragen an den Eigentümer der jeweiligen Geschichtenkarte gelingt es einer Rätselgruppe von 2 bis 6 Personen, die Geschichte Stück für Stück vom Ende her bis zum Beginn zusammenzusetzen. Da jede Geschichte je auf einer Karte zu finden ist, bietet es sich an, diese Karten in die Säckchen des Adventskalenders zu verpacken. So kann beliebig oft während der Adventszeit eine «black story» die Gutenachtgeschichte ersetzen. «black stories» gibt es in verschiedenen Schwierigkeitsgraden und zu vielfältigen Themen. Auch extra für Kinder und zum Thema Weihnachten.

*Andrea Köhrsen, christmas stories. 50 stimmungsvolle Rätsel zur Heiligen Nacht, black stories JUNIOR, moses Verlag, Kempen $^{3}$2019.*

## Geschichten-Adventskalender «Fürchte dich nicht!»

Sammeln Sie – vielleicht schon übers Jahr – altersgerechte Kurzgeschichten, die dem Wegweiser «Fürchte dich nicht» folgen: Kurzgeschichten, die sich an der Weihnachtsbotschaft orientieren. Gestalten Sie diese Geschichten einheitlich z. B. auf A5-Format und bestücken Sie damit die Anzahl Kalenderpäckchen, die Sie vorgesehen haben. Folgende vier Geschichten können beispielsweise verwendet werden:

## Die vier Kerzen

Vier Kerzen brannten am Adventskranz. Es war ganz still. So still, dass man hörte, wie die Kerzen zu reden begannen. Die erste Kerze seufzte und sagte: «Ich heisse Frieden. Mein Licht leuchtet, aber die Menschen halten keinen Frieden, sie wollen mich nicht.» Ihr Licht wurde immer kleiner und verlosch schliesslich ganz.

Die zweite Kerze flackerte und sagte: «Ich heisse Glauben. Aber ich bin überflüssig. Die Menschen wollen von Gott nichts wissen. Es hat keinen Sinn mehr, dass ich brenne.» Ein Luftzug wehte durch den Raum, und die zweite Kerze war aus.

Leise und sehr traurig meldete sich die dritte Kerze zu Wort: «Ich heisse Liebe. Ich habe keine Kraft mehr zu brennen. Die Menschen stellen mich an die Seite. Sie sehen nur sich selbst und nicht die anderen, die sie liebhaben sollen.» Und mit einem letzten Aufflackern war auch dieses Licht ausgelöscht.

Da kam ein Kind in das Zimmer. Es schaute die Kerzen an und sagte: «Aber, aber, ihr sollt doch brennen und nicht aus sein!» Und fast fing es an zu weinen. Da meldet sich auch die vierte Kerze zu Wort. Sie sagte: «Hab keine Angst! Solange ich brenne, können wir auch die anderen Kerzen wieder anzünden. Ich heisse Hoffnung.» Mit einem Streichholz nahm das Kind Licht von dieser Kerze und zündete die anderen Lichter wieder an.

*Aus: Elsbeth Bihler, Kommt und seht. Werkbuch zur Erstkommunion- und Beichtvorbereitung für Eltern und Kinder. © Lahn-Verlag in der Butzon & Bercker GmbH, Kevelaer, www.bube.de.*

## Klopfzeichen der Rettung

Eine Gruppe Bergleute war in ihrem Stollen durch einen Erdrutsch von der Aussenwelt abgeschlossen. Die Männer arbeiteten fieberhaft an der Beseitigung der Geröllmassen. Durch die schlechte Luft behindert, liessen sie bald vor Erschöpfung die Hacken und Spaten sinken. Als sie aber von der anderen Seite des Hindernisses erste schwache Klopfzeichen der Rettungsmannschaft vernahmen, wurden ihre schwindenden Kräfte neu entfacht. Sie arbeiteten fieberhaft – der Rettungsmannschaft entgegen. Immer dann, wenn ihre Kräfte verausgabt waren, horchten sie gespannt auf die näherkommenden Klopfzeichen der Helfer und begannen mit neuem Mut, den Rest ihrer Kraft zu sammeln und für ihre Rettung einzusetzen.

*Joachim Kardinal Meisner, Sylvesterpredigt 1991, in: Willi Hoffsümmer, Kurzgeschichten 5. 211 Kurzgeschichten für Gottesdienst, Schule und Gruppe, Matthias-Grünewald-Verlag, Mainz 1994.*

## Tim und der Schatten

Jeden Abend, wenn es für Tim Zeit war, ins Bett zu gehen und das Licht zu löschen, gab es Tränen. Tim hatte Angst vor der Dunkelheit – und vor allem vor den grossen schwarzen Schatten in seinem Zimmer. Und jeden Abend, nachdem ihm seine Mutter die Gute-Nacht-Geschichte vorgelesen und auch der Vater ihm einen Kuss gegeben und ihm eine gute Nacht gewünscht hatte, begann er sich zu fürchten.

Eines Abends hatte Tim plötzlich das Gefühl, einer der grossen Schatten an der Wand bewege sich. Tatsächlich, er winkte ihm sogar zu. Dann löste er sich ganz vorsichtig von der Wand und setzte sich zu Tim aufs Bett. Sanft streichelte er ihm über den Kopf und fragte mit beruhigender Stimme: «Tim, warum fürchtest du dich eigentlich vor uns Schatten? Wir tun dir doch gar nichts!» Tim wusste zuerst nicht recht, was er sagen soll. Schliesslich stammelte er: «Ich habe Angst vor euch, weil ihr so gross und schwarz seid.» Da begann der grösste der Schatten zu weinen und erzählte dem kleinen Knaben folgende Geschichte:

«Vor vielen hundert Jahren hatten alle Schatten in der Nacht strahlende Farben. Sogar der schwarze Schatten deines roten Kopfkissens hätte damals in allen Farben geschillert und geleuchtet. Dein grün gestrichener Schrank hätte einen Schatten gehabt, der grüner und schöner als das Gras im Garten war. Und die farbige Spielzeugtruhe, in der du deine Bauklötze aufbewahrst, hätte so schön gefunkelt, dass dein ganzes Zimmer in bunten Farben gestrahlt hätte.

Vor langer Zeit aber lebte ein böser Zauberer. Er war neidisch auf die farbigen Schatten, weil er nur einen schwarzen Mantel und einen schwarzen Zauberhut besass. Ausserdem konnte er in der Nacht nicht schlafen, weil alles um ihn herum so prächtig funkelte und leuchtete. Müde und zornig nach so vielen schlaflosen Nächten rief der Zauberer deshalb: «Wie soll ich am Tag zaubern und Zaubertränke brauen können, wenn ich in der Nacht keine Minute schlafen kann? Es muss sich etwas ändern!» So nahm er eines Abends seinen Zauberstab und verzauberte alle farbigen Schatten in graue und schwarze Flecken. Zum ersten Mal seit langem konnte der Zauberer wieder einmal richtig schlafen, so stockfinster war die Nacht nun plötzlich.»

Der grosse schwarze Schatten schaute einen Moment ganz traurig, lächelte Tim dann aber freundlich zu. «Schliesse nun die Augen, kleiner Tim, und stelle dir uns Schatten farbig vor, so wie damals vor vielen hundert Jahren, als wir alle in der Nacht leuchteten und funkelten.»

Und so schloss der kleine Tim seine Augen, und ein paar Sekunden später war er bereits eingeschlafen. Von da an hatte er nie mehr Angst, wenn es dunkel wurde, weil er ja nun das Geheimnis aller grossen schwarzen Schatten kannte.

*Claudia Huser-Straessle, in: «wir eltern» 7/2006.*

## Vertrauen gewinnen

Ein Ritter besuchte eine Schule, in der er vor allem den Umgang mit Waffen und die Kunst des Kämpfens erlernen sollte. Er zeigte nicht gerade grosse Begeisterung für das ritterliche Handwerk und erweckte eher den Eindruck, als fehle es ihm am nötigen Mut. Sein Lehrmeister widmete ihm deshalb viel Zeit und bildete ihn vor allem darin aus, Drachen zu töten. Zuerst waren es Papierdrachen, dann Pappdrachen und schliesslich Holzdrachen. Er machte Fortschritte und lernte so die Fähigkeit, mit einem festen Hieb die Köpfe der verhassten Drachen abzuschlagen.

Eines Tages bedeutete ihm sein Lehrmeister, nun sei es an der Zeit, wirkliche Drachen zu töten. Der Gedanke an die drohenden Gefahren erschreckte unseren Ritter. Um ihm Mut zu machen, gab ihm der Lehrmeister ein Zauberwort mit auf den Weg. Jedesmal wenn er einem Drachen begegne, brauche er nur das Zauberwort auszusprechen, dann könne ihm der Drachen nichts anhaben. Der Ritter zog in die Welt hinaus und wurde ein berühmter Drachentöter. Er kannte weder Furch noch Zagen.

Dann begegnete er nach einer durchzechten Nacht wieder einem Drachen. Der Wein hatte seinen Verstand so benebelt, dass ihm das Zauberwort nicht mehr einfiel. Im letzten Augenblick konnte er aber dem Drachen dennoch den Kopf abschlagen. Als er heimkehrte, erzählte er dem Lehrmeister diese Begebenheit. Der lachte nur dazu und sagte, alle anderen Drachen habe er auch so getötet. Das Zauberwort habe nämlich keine Wirkung. Er habe ihm nur zu seiner Geschicklichkeit Mut und Selbstvertrauen mit auf den Weg geben wollen.

Der Ritter wurde blass, als er an die Gefahren dachte, die er bei den vielen Drachenkämpfen überwunden hatte. Verzagt kroch er in der folgenden Nacht unter seine Bettdecke und schlotterte im Nachhinein mit den Knien. Am anderen Tag sollte er er seinem einundfünfzigsten Drachen begegnen. Er kam von diesem Kampf nie mehr zurück.

*Kurt Eisenbarth, in: Der Prediger und Katechet 1/1974.*

*Regine Schindler, Danke, du schöner Stern! Geschichten für Kinder zur Weihnachtszeit, Gütersloher Verlagshaus, Gütersloh 2005.*

## Weihnachtsgeschichte in zwölf Teilen

Die Weihnachtsgeschichte in jedem zweiten Säcklein des Adventskalenders – zu lesen oder zu hören als Gutenachtgeschichte:

1. Es gab eine Zeit, da regierte der grosse römische Kaiser Augustus über viele verschiedene Länder. Auch über das kleine Land Palästina. Dort lebten palästinensische und eingewanderte jüdische Menschen friedlich miteinander. Doch alle mussten sie dem römischen Kaiser viel Geld bezahlen. Das machte sie arm und sie mussten jeden Tag hart arbeiten. Im Städtchen Nazareth wohnte eine junge Frau mit Namen Maria. Maria sollte demnächst den Zimmermann Josef heiraten, der zur jüdischen Familie Davids gehörte. David war vor langer Zeit ein mächtiger, aber friedlicher jüdischer König, der gut für die Menschen sorgte. Alle jüdischen Menschen wünschten sich nun wieder so einen König, der sie aus ihrem anstrengenden Leben retten und ihnen Frieden bringen würde.

2. Eines Morgens sah Maria einen hellen Schein durch ihr Fenster kommen. Sie erschrak und fragte sich, was das wohl bedeute. Da hörte sie eine Stimme, die zu ihr sagte: «Sei gegrüsst, Maria, du Glückliche! Hab keine Angst! Ich bin der Engel Gabriel und habe dir etwas sehr Besonderes zu erzählen. Du wirst bald ein Kind zur Welt bringen. Gib ihm den Namen Jesus. Das heisst ‹Der Retter›. Dein Kind wird König werden und auf dem Thron des grossen Königs David sitzen. Dein Jesus wird Sohn Gottes genannt werden und seine Königsherrschaft wird kein Ende haben.» Maria staunte und fragte: «Wie soll ich denn ein Kind bekommen können, wenn ich noch gar nicht mit Josef verheiratet bin?» «Bei Gott ist nichts unmöglich! Freue dich!», antwortete der Engel und verliess so schnell wie er gekommen war Marias Haus durchs Fenster.

« Die Adventszeit greift die menschliche Kompetenz des ‹Wartenkönnens› auf und hat noch nichts mit dem späteren Geschenke-Erhalten zu tun. »

3. Josef, dem Zimmermann aus der Familie Davids, blieb es nicht verborgen, dass der Bauch von Maria, die er heiraten wollte, immer dicker wurde. «Sie bekommt ein Kind, das nicht von mir sein kann.», dachte er voller Schrecken und wollte Maria deshalb verlassen. Doch im Schlaf hörte er einen Engel zu ihm sagen: «Josef, hab keine Angst! Das Kind in Marias Bauch ist ein besonderes Kind. Es wird Jesus, der Retter heissen. Du sollst sein Vater werden. Auch wenn du noch nicht mit Maria verheiratet bist! Bleibe bei Maria und sorge für sie und das Kind! Du wirst mit Glück beschenkt werden.» Vom Schlaf erwacht, wusste Josef am nächsten Morgen sofort, dass er Maria auf keinen Fall verlassen würde.

4. In diesen Tagen, als Josef aus der Familie Davids und Maria heiraten sollten, befahl der römische Kaiser Augustus, dass alle Menschen in allen Ländern seines Kaiserreichs gezählt werden sollten. Dafür mussten alle Männer mit ihren Frauen und Kindern in ihren Heimatort reisen. Der Heimatort von Josef, der Heimatort der Davidsfamilie, war die kleine Stadt Betlehem. Als Josef und Maria nach einem langen Weg endlich in Betlehem ankamen, fanden sie nirgends ein Gasthaus oder eine Herberge, wo sie übernachten konnten. Zu viele Menschen waren wegen des Befehls von Kaiser Augustus in die Stadt gereist. Es hatte nirgends Platz für zwei so arme Leute, die nicht einmal genügend Geld zur Bezahlung eines Zimmers dabeihatten.

5. Ein freundlicher Herbergswirt führte Maria und Josef zu seinen Tieren, wo es weiches Stroh und Heu gab, und wo es dank der Tiere nicht ganz so kalt war. An diesem Ort kam Jesus noch in dieser Nacht zur Welt. Maria wickelte ihn in Windeln und legte ihn in die Futterkrippe der Tiere. Und Maria und Josef spürten einen tiefen Frieden in ihren Herzen.

6. In derselben Nacht, als Jesus zur Welt kam, hüteten Hirten auf den Feldern ihre Schafe. Hirten hatten ein besonders schweres Leben. Sie arbeiteten Tag und Nacht draussen bei Hitze und Kälte, Sonne und Regen. Sie hatten wenig zu essen und keine Gelegenheit, sich zu waschen. Hirten gehörten zu denjenigen Menschen, die sich am meisten nach einem neuen König sehnten, der sie aus diesem harten Leben retten würde. Denn die Menschen in den Dörfern und Städten sahen die Hirten nicht gern. «Hirten stinken und sind schmutzig!», sagten sie.

7. Die Hirten aus der Gegend um Betlehem erlebten in dieser Nacht ein Wunder. Als sie wie gewohnt ihre Schafe bewachten, sahen sie plötzlich ein helles Licht. Die Angst packte sie und sie wussten nicht, was dieser leuchtende Glanz zu bedeuten habe. Es ging ihnen ähnlich wie Maria, als sie damals in ihrem Haus plötzlich den Engel Gabriel sah. Und wieder war es ein Engel, der zu den Hirten sprach: «Habt keine Angst!

Ich darf euch von einer grossen Freude erzählen. Denn heute wurde in der Stadt Betlehem der Retter geboren. Euer Retter. Wenn ihr ein neugeborenes Kind findet, das in Windeln gewickelt ist und in einer Futterkrippe liegt, dann habt ihr ihn gefunden.» Und plötzlich war da nicht mehr nur ein Engel, sondern eine ganze Schar. Und alle sangen sie zusammen: «Ehre sei Gott in der Höhe, Frieden auf Erden. Und den Menschen ein Wohlgefallen. Amen.» Kaum war das Lied im Himmel verklungen, waren auch das Licht und die Engel nicht mehr da. Den Hirten wurde bewusst, dass sie soeben ein Wunder erlebt hatten. Es war für alle klar, dass sie sich auf den Weg nach Betlehem machen würden, um den kleinen Retter zu suchen.

8. Die Hirten fanden das kleine Kind in der Futterkrippe bei Maria und Josef. Es wurde ihnen warm ums Herz und sie spürten die Freude, die von diesem Kind ausging. Sie erzählten, was ihnen draussen auf den Feldern geschehen war mit den Engeln und dem Lied. Niemand der Zuhörenden würde diese Erzählung der Hirten jemals wieder vergessen. Maria schloss das grosse Wunder tief in ihrem Herzen ein.

9. Weil Kaiser Augustus nicht in jedem seiner Länder selbst zum Rechten sehen konnte, regierte in Palästina der König Herodes für ihn. Herodes hatte seinen Königssitz in der grossen Stadt Jerusalem. Wie seinerzeit der jüdische König David. Dorthin, nach Jerusalem, kamen kurz nach der Geburt Jesu weise Männer aus dem Morgenland angereist. Die Männer nannten sich Sterndeuter, denn sie kannten die Sterne am Himmel und ihre Bewegungen und ihre Bedeutungen. «Wo ist der neugeborene jüdische König?», fragte einer der Sterndeuter den König Herodes. «Wir haben seinen Stern aufgehen sehen. Hier in der Nähe muss es sein. Der Stern leuchtet hier über dem Land Palästina.»

10. König Herodes wusste nichts von einem Stern. Doch als er von einem angeblichen König vernahm, der über dasselbe Land regieren sollte wie er, wurde er von Eifersucht und Wut gepackt. Ein solcher König musste so schnell als möglich getötet werden. Er liess seine Besucher aus dem Morgenland in einem Zimmer seines Palasts warten und erkundigte sich bei den weisen jüdischen Männern Jerusalems nach dem Geburtsort eines möglichen neuen Königs. Die weisen Männer wussten ebenfalls nichts davon. Doch in ihren heiligen Büchern stand, dass dereinst in der Davidsstadt Betlehem ein Retter für die notleidenden jüdischen Menschen geboren werden würde. So schickte König Herodes die Sterndeuter nach Betlehem und befahl ihnen: «Wenn ihr das Königskind gefunden habt, dann kommt sofort zurück zu mir und sagt mir, wo ich es finden kann! Natürlich möchte auch ich mich vor ihm verbeugen.»

11. Die Sterndeuter machten sich auf den Weg von Jerusalem nach Betlehem. Der Stern, den sie im Morgenland gesehen hatten, zog immer vor ihnen her. Und dort, wo Jesus geboren worden war, blieb er stehen. Die weisen Männer traten zur Futterkrippe, sahen das Kind und wurden von einer grossen Freude erfüllt. Sie brachten Jesus wertvolle Geschenke: Gold, Weihrauch und Myrrhe. Sie dankten Gott für diesen wunderbaren Moment.

12. Da die Sterndeuter in der Nacht in einem Traum angewiesen wurden, nicht zu König Herodes nach Jerusalem zurückzukehren, zogen sie auf einem Umweg wieder in ihr Heimatland zurück. Auch Maria und Josef mit dem neugeborenen Jesus verliessen Betlehem bald. Sie hatten Angst, von König Herodes entdeckt zu werden. Die Freude in ihren Herzen macht sie stark für eine weitere lange Reise.

*Brigitte Ammann Wunderle, Unterwegs zum Christkind. Der Adventskalender mit dem Schäfchen, rex verlag luzern, Kriens 2007.*

*Reinhard Herrmann, Friedrich Hoffmann, Der Weg zur Krippe. Ein Adventskalender zum Basteln und Vorlesen, Verlag Ernst Kaufmann, Lahr [29]2011.*

*Luise Holthausen, Das schönste Weihnachtsgeschenk der Welt, mit Illustrationen von Catharina Westphal, Duden Leseprofi 1. Klasse, S. Fischer-Verlag, Frankfurt a. M. 2015.*

« 24-mal werden sie im Vorfeld des grossen Festes auf attraktive, symbolische Weise dazu motiviert, die geforderte Geduld, die Spannung und die Vorfreude zu schätzen, anstatt daran zu verzweifeln. »

*Engel und ihre Botschaften: Engel-Ausmal-Adventskalender, S. 46*
*«Fürchte dich nicht!»: Adventskalenderbuch «Fürchte dich nicht!», S. 50*
*«Fürchte dich nicht!»: Wegweiser-Notvorrat, S. 51*
*Ein Neugeborenes: Ein etwas anderer Adventskalender, S. 67*
*Tierbaby-Adventskalender, S. 68*
*Einander von Herzen beschenken: Gutschein-Adventskalender, S. 89*
*Adventskalender: Geschichten-Adventskalender «Fürchte dich nicht!»; Die vier Kerzen, S. 113*

Maël, 8 Jahre

# Krippenfiguren

**Keine andere biblische Geschichte wird gleichermassen mit Figuren dargestellt und nachgespielt wie die Weihnachtslegenden. Ihren Anfang nahm diese Tradition der Sage nach in Italien bei Franziskus von Assisi im 13. Jahrhundert. Von ihm wird berichtet, er habe im Dorf Greccio die Weihnachtsgeschichte mit lebenden Personen und Tieren nachspielen lassen. Ein niederschwelligeres «Krippenspiel» ergab sich später durch das Ersetzen lebender Personen und Tiere mit geschnitzten oder getöpferten Figuren.**

Krippenfiguren gibt es in allen Grössen, Materialien und Formen. Jede Figurenart wirkt auf Kinder anders, doch ihre Faszination verfehlt in der Regel kaum eine. Die figürliche Darstellung einer Geschichte ist bis ins späte Primarschulalter entwicklungsgerecht und eröffnet Möglichkeiten zur Identifikation. Vielleicht haben Sie ein paar Krippenfiguren geerbt. Vielleicht stehen Sie aber auch vor der Entscheidung, ob und wenn ja welche Krippenfiguren Sie neu anschaffen möchten. Folgendermassen können Sie sich entscheiden:

Erste Möglichkeit: Sie kaufen schöne, eher wertvolle, vielleicht auch zerbrechliche Krippenfiguren und stellen deren Besonderheit bzw. Heiligkeit in den Mittelpunkt. Lassen Sie die Kinder erst ab einem gewissen Alter die Figuren betasten oder schön arrangieren. Bringen Sie zum Ausdruck, dass diese Figuren auf einen besonders wertvollen Lebensschatz hinweisen.

Zweite Möglichkeit: Sie kaufen eher billige, kindgerechte Krippenfiguren aus Plastik oder einem anderen unzerbrechlichen Material und geben sie den Kindern von Anfang an in die Hände. Lassen Sie die Kinder die Geschichte mit den Figuren nachspielen und geben Sie ihnen die Aufgabe, die Figuren zu arrangieren. Sie bringen damit zum Ausdruck, dass diese nicht nur etwas für die Erwachsenen sind.

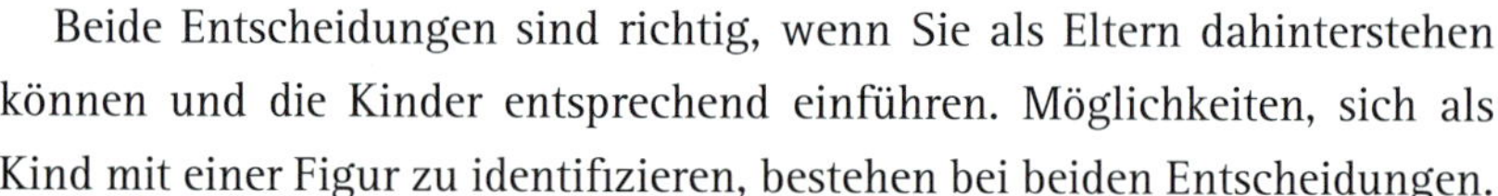

Beide Entscheidungen sind richtig, wenn Sie als Eltern dahinterstehen können und die Kinder entsprechend einführen. Möglichkeiten, sich als Kind mit einer Figur zu identifizieren, bestehen bei beiden Entscheidungen.

## Krippenfiguren in Kirchen

Besuchen Sie als Familie oder Gruppe verschiedene Kirchen und bewundern Sie die unterschiedlichen ausgestellten Krippenfiguren. Kirchliches Personal erzählt auf Anfrage auch gern ein paar Worte dazu.

## Krippenfiguren in Ausstellungen

Viele private Sammler, Institutionen oder auch Kirchgemeinden präsentieren während der Adventszeit grosse, faszinierende Krippenlandschaften. Informieren Sie sich im Internet über solche Krippenausstellungen in Ihrer Region.

*Grosse Krippenausstellung in Stein am Rhein mit über 2000 Krippen aus aller Welt: www.krippenwelt-ag.ch*

*Figurenreichste Krippenlandschaft der Schweiz in Fahrwangen: www.krippenlandschaft.ch*

## Quiz, Postenlauf & Co.

Sind die Krippenfiguren, bzw. die Figuren der biblischen Weihnachtsgeschichte einmal eingeführt, können spielerisch noch mehr interessante Details und Informationen zu ihnen erworben werden. Vielfältigem Rätselspass ist kaum ein Kind abgeneigt.

Die Antworten zu untenstehenden Fragen finden sich in der biblischen Weihnachtsgeschichte selbst, in Kirchen, im Internet und in Liederbüchern. Stellen Sie den Kindern zuerst die entsprechenden Informationen in Form von Texten, Bildern, erzählten Geschichten oder gemeinsam gesungenen Liedern an geeigneten Stationen in der Wohnung oder draussen im Freien zur Verfügung. Fragen Sie danach in Form eines Quiz oder eines anderen Rätselspiels das Erlernte ab.

## Josef

- Von welchem König, von dem im Alten Testament berichtet wird, stammt Josef und damit auch Jesus ab?
  (König David)
- Wann ist der Namenstag des heiligen Josef?
  (19. März)
- Wie erkennst du den heiligen Josef als Figur in einer Kirche oder Kapelle?
  (Er hält entweder das Jesuskind oder Hobel und Winkel in seinen Händen.)
- Was ist die eigentliche wichtige Tat des Josef in der Weihnachtsgeschichte?
  (Er vertraut Maria, dass das Kind nicht von einem anderen Mann ist, und bleibt bei ihr.)
- Nenne ein Weihnachtslied, das von Josef handelt!
  (z. B. «Josef, lieber Josef mein»)
- Was war Josef wahrscheinlich von Beruf?
  (Schreiner und Zimmermann)

Bonuspunkt: Wenn du im Monat März Geburtstag hast oder Josef, Sepp, Josefine, Joe oder Pepe heisst.

## Maria

- Wie heisst das Loblied, das Maria anstimmte, als sie durch den Engel von ihrer Schwangerschaft erfuhr?
  (Magnificat)
- Was hat es auf sich mit dem Tag, der «Maria Empfängnis» heisst?
  (8. Dezember: Mutter Anna empfängt Tochter Maria)
- Welche Bedeutung hat Maria bei den Reformierten und welche bei den Katholiken?
  (Katholisch gilt Maria als Heilige, reformiert hat sie keine herausragende Bedeutung)
- Nenne drei Vornamen, die sich von Maria ableiten!
  (z. B. Marianne, Annemarie, Marlene)
- Nenne ein Weihnachtslied, das von Maria handelt!
  (z. B. «Maria durch ein Dornwald ging»)
- Die biblische Weihnachtsgeschichte erzählt an einer Stelle davon, dass das ungeborene Jesuskind im Bauch der Maria hüpfte. Um welche Geschichte handelt es sich?
  (Lukas 1,39–56: Maria besucht Elisabeth, die Mutter des Johannes)

Bonuspunkt: Wenn du eine Frau kennst, die gerade schwanger ist.

## Hirten

- Welche Rolle spielten die Hirten in der Gesellschaft der biblischen Zeit?
  (Sie waren verachtete, raue Aussenseiter.)
- Welcher berühmte biblische Text vergleicht Gott mit einem Hirten?
  (Psalm 23: «Der Herr ist mein Hirte»)
- Was taten die Hirten, nachdem sie das Kind gesehen hatten?
  (Sie erzählten allen von diesem Erlebnis.)
- Nenne ein Weihnachtslied, das von den Hirten handelt!
  (z. B. «Kommet ihr Hirten» / «Uf em Fäld i de Nacht»)
- Welche Männer werden Hirten genannt?
  (Pfarrer, Bischöfe, Papst)
- Was heisst Hirte auf Lateinisch?
  (*pastor*)

Bonuspunkt: Wenn du mit Händen und Mund den Laut eines Käuzchens nachmachen kannst.

## Engel

- Wie lautet das berühmte biblische Engels-Loblied?
  («Ehre sei Gott in der Höhe»)
- Mit welchen Worten beginnt die Botschaft des Engels an die Hirten?
  («Fürchtet euch nicht!»)
- Wie viele Male und wo kommen die Engel in der biblischen Weihnachtsgeschichte vor?
  (4x: Maria, Josef, Hirten, Sterndeuter)
- Welche Funktion haben die Engel in allen Religionen?
  (Sie sind Boten Gottes bzw. Boten der Götter)
- Nenne drei Vornamen, die sich vom Wort «Engel» ableiten!
  (Z. B. Engelbert, Angelo, Angelika)
- Nenne ein Weihnachtslied, das von den Engeln handelt!
  (Z. B. «Hört der Engel helle Lieder» / «Drü Ängeli flüged dur d'Nacht»)

Bonuspunkt: Wenn du lange blonde Haare hast.

## Sterndeuter

- Welches sind die drei Geschenke der Sterndeuter?
  (Weihrauch, Myrrhe, Gold)
- Von wie vielen Sterndeutern berichtet die Bibel?
  (Es wird keine Zahl genannt, nur die drei Geschenke werden erwähnt.)
- Was ist an den Sterndeutern gegenüber allen anderen Weihnachtsfiguren anders?
  (Sie gehören nicht der jüdischen Religion an, sondern der Religion der Perser.)
- An welchem Tag feiern wir den Dreikönigstag?
  (6. Januar)
- Warum erzählt die Bibel von Sterndeutern und wir haben Könige als Krippenfiguren?
  (Die biblische Geschichte wurde zur Zeit der Römer an einem Königs-Festtag erzählt.)
- Welches Sternbild erkennst du auf diesem Bild des Nachthimmels?
  (Ein Bild z. B. des Grossen Wagens aus dem Internet herunterladen und zeigen.)

Bonuspunkt: Wenn du mit einem Würfel auf Anhieb eine Drei würfelst.

*Christian Keller, Damals in Bethlehem, Bilder und Gedanken zur Weihnachtsgeschichte, Theologischer Verlag Zürich, Zürich 2001.*

*Bastelbogen Krippe, DIN A4, alle Elemente vorgestanzt zum einfachen Ausbrechen, Verlag Neues Buch.*

*Die Jungfrau Maria: Erzählkrippe, S. 41*
*Ein Neugeborenes: Gute Wünsche, S. 67*
*Ein Neugeborenes: Kressekrippe, S. 68*
*Gottessohn, Gesalbter, Retter: Wen rettet das Jesuskindlein?, S. 95*
*Gottessohn, Gesalbter, Retter: Das Kindlein und die Wurzel, S. 95*

Chiara, 9 Jahre

# Weihnachtslieder

Dass in der Advents- und Weihnachtszeit besonders viel gesungen wird, hängt vielleicht auch mit dem Engelchor zusammen, von dem in der biblischen Weihnachtsgeschichte berichtet wird. Die Engel verkündeten ihre Frohbotschaft nicht nur mit Worten, sondern sie sangen sie. Singen ist ein Ausdruck von Freude. So sind auf diesem Hintergrund in allen Ländern der Welt unzählige Weihnachtslieder entstanden. Der biblische Wortlaut aus der Engelsbotschaft an die Hirten schlug sich im bekannten Weihnachtslied «Ehre sei Gott in der Höhe» nieder.

Einige Texte der Weihnachtslegenden sind literarisch besonders wertvoll. Auch in der Musikszene entstanden unzählige Werke, die sich derer bedienten. An vorderster Stelle steht sicherlich das Magnificat, der Lobgesang Marias. Das lateinische Wort *magnificat* bedeutet «er/sie/es erhebt, macht gross, verehrt» und entstammt dem Satzanfang des Bibeltextes nach Lukas 1,46–55, dem Lobgesang der jungen Maria nach dem Besuch des Engels Gabriel: «Meine Seele erhebt den Herrn»: *Magnificat anima mea dominum*. Dieser Lobgesang der Maria wurde mehrfach von grossen Komponisten vertont und ist damit vor allem durch die Musikgeschichte auch in nicht kirchlichen Kreisen bekannt geworden. Das Magnificat von Johann Sebastian Bach, jenes von Antonio Vivaldi, aber auch der populäre Kanon der ökumenischen Taizé-Kommunität haben den biblischen Text bekannt und beliebt gemacht.

Neben dem Magnificat ist das Benedictus (Lobgesang des Zacharias in Lukas 1,68–75) und das Nunc dimittis (Lobgesang des Simeon in Lukas 2,29–32) zu erwähnen. Auch diverse Pastoralen, die das Hirtenleben vertonen, und der Engelsgesang «Ehre sei Gott in der Höhe» aus Lukas 2,14 gehören dazu.

Auf dem Weg der Musik gelangt viel Wertvolles direkt aus den Liedtexten in die Herzen der Kinder. Für viele ein attraktiverer Weg als derjenige, der rein über die Sprache geht.

Auch wenn Sie als Erwachsene sich vielleicht nicht zu den besten Sängern und Sängerinnen zählen, so ist es für die Kinder doch eine Chance, wenn sie sich auch musikalisch der Weihnachtsbotschaft nähern dürfen. Eigene Singschwächen können bestens durch verschiedene Tonträger oder elektronische Quellen überbrückt werden.

In der Fülle des Angebots empfiehlt es sich beim Auswählen von Liedern darauf zu achten, dass deren Texte kindgerecht aufbereitet sind, und dass darin die Gottes- und Jesusvorstellungen annähernd zeitgemäss zur Sprache kommen. Viele alte, je nach Autorschaft auch neuere Texte betonen einseitig die Erhabenheit und Allmacht Gottes im Gegensatz zur Niedrigkeit und Sündhaftigkeit des Menschen. In der Mitte zwischen Gott und Mensch erscheint dabei das Jesuskind, das die Sündhaftigkeit des Menschen aufheben wird. Solche Texte sind für die kindliche Entwicklung eines gesunden und tragenden Gotteskonzeptes nicht förderlich. Einem Kind werden damit die Freiheit und Möglichkeit genommen, selbst eigene Wege zu finden, wie es mit Erfahrungen von Schuld und Niedrigkeit hilfreich umgehen kann. Wählen Sie deshalb primär Lieder, die positiv von der Freude und vom Licht erzählen.

Viele Weihnachtslieder gehören zur festen Weihnachtskultur der Schweiz und ihrer Umgebung. Mitsingen zu können, wenn diese Lieder in Schule, Kirche, Vereinen oder in der Familie angestimmt werden, stiftet Identität und ein Gefühl von Zugehörigkeit. Da die meisten traditionellen Weihnachtslieder aus früheren Zeiten stammen, sind einige Texte für heutiges Verständnis fragwürdig, stossen stellenweise sogar auf innerlichen Widerstand. Dies mit Kindern gemeinsam zu thematisieren hilft, eine eigene Herzensauswahl an Weihnachtsliedern treffen zu können.

*Andrew Bond, Mitsing Wienacht. 24 Mundartlieder zur Weihnachtsgeschichte, Audio-CD, Grossengaden Verlag, Wädenswil 2006.*

## Liedauswahl als Minimal-Empfehlung

### Stille Nacht

2. Stille Nacht, heilige Nacht! Hirten erst kundgemacht
durch der Engel Halleluja, tönt es laut von fern und nah:
Christ, der Retter, ist da! Christ, der Retter, ist da!

3. Stille Nacht, heilige Nacht! Gottes Sohn, o wie lacht,
Lieb aus deinem göttlichen Mund, da uns schlägt die rettende Stund,
Christ, in deiner Geburt, Christ, in deiner Geburt.

## O du fröhliche

2. O du fröhliche, o du selige, gnadenbringende Weihnachtszeit!
Christ ist erschienen, uns zu versühnen:
Freue, freue dich, o Christenheit!

3. O du fröhliche, o du selige, gnadenbringende Weihnachtszeit!
Himmlische Heere jauchzen dir Ehre:
Freue, freue dich, o Christenheit!

## Magnificat

*Melodie: Jacques Berthier*



## Ubi caritas

*Melodie: Jacques Berthier*

*Die Jungfrau Maria, S. 39*
*Ein Neugeborenes, S. 65*

## Ehre sei Gott in der Höhe

*Engel und ihre Botschaften, S. 45*

## Tragt in die Welt nun ein Licht

2. Tragt zu den Alten ein Licht ...

3. Tragt zu den Kranken ein Licht ...

*Melodie: Wolfgang Longardt*
*Text, (OT): Wolfgang Longardt*

*Licht in der Finsternis, S. 71*

## Es ist ein Ros entsprungen

2. Das Röslein, das ich meine, davon Jesaja sagt,
ist Maria, die Reine, die uns das Blümlein bracht.
Aus Gottes ewgem Rat hat sie ein Kind geboren,
welches uns selig macht.

3. Das Blümelein so kleine, das duftet uns so süss;
mit seinem hellen Scheine vertreibt's die Finsternis,
wahr' Mensch und wahrer Gott, hilft uns aus allem Leide,
rettet von Sünd und Tod.

*Gottessohn, Gesalbter, Retter, S. 93*

## Fride wünsch ich dir

*Melodie: Richard Rudolf Klein*

*Gottessohn, Gesalbter, Retter, S. 93*

Nicole, 11 Jahre

# Barbarazweige, Menschenrechtstag und Sankt Luzia

Kaum eine andere Zeit im Jahr weist so viele Namens- und Gedenktage mit eigenem Brauchtum auf wie die ersten zwei Adventswochen. Jährlich am 1. Dezember findet der Welt-Aids-Tag statt, es folgen am 3. Dezember der Internationale Tag der Menschen mit Behinderung, am 4. Dezember der Sankt-Barbara-Tag, am 6. Sankt Nikolaus, am 8. Maria Empfängnis, am 10. der Internationale Tag der Menschenrechte und zum Schluss am 13. Dezember der Tag der heiligen Luzia. Sie alle sind der Weihnachtsbotschaft sehr nahe. Alle unterstützen sie die weihnächtlichen Leitmotive zur persönlichen Entwicklung und Herzensbereicherung sowohl von Kindern wie auch Erwachsenen. Einige sollen deshalb an dieser Stelle aufgeführt werden.

## Sankt-Barbara-Tag (4. Dezember)

Die heilige Barbara von Nikomedien, Märtyrerin aus dem 3. Jahrhundert, gilt als die Schutzpatronin der Tunnelbauer und Bergbau-Arbeiter. Sie konnte sich der Legende nach in einem Felsspalt, der sich wie ein Wunder vor ihr öffnete, in einem ersten Versuch vor ihrem Todesurteil retten. Im dunkeln Felsgestein fand sie Zuflucht vor ihren Verfolgern.

Vor der Zeit Barbaras, zur Zeit der Helvetier und Germanen, die bei uns ansässig waren, wurden einige Wochen vor dem Neujahrsfest bzw. vor der Wintersonnwende Zweige von Obstbäumen geschnitten und an vom Wetter geschützten Orten ins Wasser gestellt. Trugen die Zweige am Neujahrsfest Blüten, so ging man von einem guten und fruchtbaren kommenden Jahr aus. Blieben die Äste braun oder nur grün, verhiess das ein weniger gutes Jahr.

Im Zuge der Christianisierung Europas vermischte sich dieser Orakelbrauch mit dem Gedenken an die christliche Märtyrerin Barbara von Nikomedien am 4. Dezember. Denn ein Einzelzug der Legende erzählt, dass Barbara auf dem Weg ins Gefängnis mit ihrem Gewand an einem Zweig hängenblieb. Sie stellte den abgebrochenen Zweig in ein Gefäß mit Wasser, und er blühte genau an dem Tag, an dem sie zum Tode verurteilt wurde. Vielerorts werden deshalb am Gedenktag der heiligen Barbara Zweige von Steinobstbäumen abgeschnitten und in eine Vase gestellt, um zu sehen, ob sie an Weihnachten Blüten tragen. Mancherorts bringt der Sankt Nikolaus anstelle einer Rute solche Obstbaumzweige, da der Sankt-Nikolaus- und der Sankt-Barbara-Tag nahe beieinander liegen.

Anstatt den schönen Brauch der Barbarazweige als Orakelbrauch oder als Heiligengedenken zu pflegen, bietet sich eine thematische Verbindung mit der Wundererfahrung der Jungfrau Maria an. Aus einem scheinbar toten Zweig der dunklen, kalten Jahreszeit spriesst wie bei einem Wunder dank dem Licht und der Wärme des Wohnzimmers neues farbenfrohes und duftendes Leben. Nicht die Kälte oder die Dunkelheit haben das letzte Wort, sondern die Wärme und das Licht!

## Wunderzweige

Ähnlich den Eiern am Osterbaum können zu Sankt Barbara Wunderwünsche an die Obstzweige gehängt werden. Formulieren oder zeichnen Sie mit den Kindern gute Wünsche für Menschen, die ein Wunder nötig haben. Wenn Sie im eigenen Kreis auf ein Wunder hoffen, hängen Sie auch diesen Wunsch an einen Zweig. Vielleicht notieren Sie die Wünsche auf farbiges Papier und falten dieses nach Origami-Technik zu Blumen, Vögeln oder Sternen. Vielleicht gestalten Sie mit Textilstiften schmale Stoffstreifen. Vielleicht schmücken Sie die Zweige am 4. Dezember sogar mit ein paar Wunderkerzen.

*Die Jungfrau Maria, S. 39*

## Internationaler Tag der Menschenrechte (10. Dezember)

**Die Allgemeine Erklärung der Menschenrechte, auch UN-Menschenrechtscharta genannt, enthält unverbindliche Empfehlungen der Vereinten Nationen zu den allgemeinen Grundsätzen der Menschenrechte. Sie wurde im Nachgang zum Zweiten Weltkrieg am 10. Dezember 1948 von der Generalversammlung der Vereinten Nationen in Paris verkündet. Seither gilt der 10. Dezember als Internationaler Tag der Menschenrechte.**

**Schon die Präambel erklärt im Grundsatz «Freiheit, Gerechtigkeit und Frieden in der Welt» und den Glauben an die grundlegenden Menschenrechte, an «die Würde und den Wert der menschlichen Person und an die Gleichberechtigung von Mann und Frau»: «Alle Menschen sind frei und gleich an Würde und Rechten geboren.» (Artikel 1)**

*Gottessohn, Gesalbter, Retter, S. 93*
*Hirten, S. 77*

Ihre Wurzeln hat die UN-Menschenrechtscharta im Gedankengut der Aufklärung, die sich in besonderer Weise dem Begriff der Menschenwürde zuwendete. Die Unantastbarkeit der menschlichen Würde ist wiederum bereits grundgelegt in der gesamtbiblischen Tradition: Das alttestamentliche Motiv des gottebenbildlichen Geschöpftseins – und damit der Unverfügbarkeit des menschlichen Lebens – verdichtet sich im vierfachen Liebesgebot «Liebe Gott, deine Nächsten, deine Feinde und dich selbst!», das als jesuanische Grundbotschaft verstanden werden kann. Ein Bogen vom Kind in der Krippe zum Tag der Menschenrechte ist also durchaus gesetzt.

## Friedenskerze

**Bei Amnesty International können jeweils im Vorfeld des 10. Dezember schöne Kerzen bestellt werden, die mit dem Wort «Frieden» in verschiedenen Sprachen bedruckt sind. Vielleicht verschenken Sie solche Kerzen als Advents-Geschenke. Vielleicht stellen Sie selbst eine ab dem 10. Dezember auf den Fenstersims oder in eine Laterne vor dem Haus, um dabei an Menschen zu denken, deren Würde mit Füssen getreten wird. Für Kinder kann dieses Anliegen passend in den Zusammenhang mit der biblischen Hirtengeschichte gestellt werden.**

## Sankt-Luzia-Tag (13. Dezember)

Der 13. Dezember, der Gedenktag der heiligen Luzia, die im 3. Jahrhundert im italienischen Syrakus als Märtyrerin starb, ist oft verbunden mit Lichtriten, mutmasslich da er vor der gregorianischen Kalenderreform zeitweise auf die Wintersonnwende fiel. Dementsprechend gibt es auch folgende Bauernregeln:

«An Sankt Luzia ist der Abend dem Morgen nah.» oder «Sankt Luzen tut den Tag stutzen.» Sankt-Luzia-Bräuche reihen sich ein in sämtliche Lichtbräuche, die sich primär auf der nördlichen Welthalbkugel rund um die Wintersonnwende entwickelten.

Da eine Legende über Luzia berichtet, ihr seien vor dem Tod die Augen ausgestochen worden, gilt sie heute als Schutzpatronin unter anderem der Blinden, Augenkranken und Elektriker. Luzia steht schon von ihrem Namen her (Lux heisst «das Licht», Luzia «die Erleuchtete») für das Wunder des Lichts. In Schweden existiert der besondere Brauch, dass Mädchen mit weissen Gewändern und einem Lichterkranz auf dem Kopf durchs Dorf und in die Kirche prozessieren. Der Kranz symbolisiert dabei den Siegeskranz des Lichts über die Dunkelheit.

Der Sankt-Luzia-Tag eignet sich dafür, mit Kindern das Thema Licht ganz allgemein und vielfältig zu thematisieren. Für die Entwicklung einer symbolischen Sprachfähigkeit ist die Auseinandersetzung mit dem Gegensatz von Dunkelheit und Licht sehr hilfreich.

## Die fünfte Adventskerze

Ein bestehender Adventskranz bietet meist auch Platz für eine fünfte Kerze. So kann diese fünfte, vielleicht andersfarbige Adventskerze am 13. Dezember entzündet und dazu die Legende der heiligen Luzia erzählt werden.

## Lichterzug

Ähnlich den Laternenumzügen zu Sankt Martin oder den Räbeliechtli-Umzügen kann auch zu Sankt Luzia ein Lichterzug organisiert werden. Vielleicht nur in der Familie oder mit einer kleinen Gruppe einander bekannter Kinder. Zu Beginn steht die Geschichte der heiligen Luzia, am Ende des Umzugs werden die Laternen zu einer Krippe hingestellt. Fragen Sie doch auch bei der örtlichen Kirchgemeinde nach, ob die grosse Krippe in der Kirche allenfalls dafür verwendet werden darf.

*Licht in der Finsternis, S. 71*

« Nicht die Kälte oder die Dunkelheit haben das letzte Wort, sondern die Wärme und das Licht! »

Corsin, 7 Jahre

# Dreikönigsfest

Die drei Könige waren eigentlich keine Könige, sondern Sterndeuter, so die treffendste Übersetzung des Bibeltextes. Die Annahme, dass es sich dabei um genau drei Sterndeuter handelte, beruht darauf, dass dem neugeborenen Jesus drei Geschenke gebracht wurden: Gold, Myrrhe und Weihrauch.

Die Wandlung von Sterndeutern zu drei Königen innerhalb der religiösen Volkstradition vollzog sich schon sehr früh zur Zeit der römischen Staatskirche. Römische Kaiser verstanden sich – ähnlich der ägyptischen Pharaonen – sowohl als göttliche wie auch als menschliche Personen. Als Gottessöhne. Der Göttlichkeit des römischen Kaisers wurde jeweils am 6. Januar mit einem Festtag gedacht. Der «Erscheinung des Herrn» (griechisch «Epiphanias»), also der menschlichen Gegenwart Gottes in der Person Jesu Christi, war schon in den frühen Jahren der christlich-römischen Kirche ebenfalls ein Festtag gewidmet. In dessen Zentrum stand wegen des erschienenen Sterns unter anderem der Bibeltext, der von den Sterndeutern berichtet. So überlagerte der christliche Feiertag «Epiphanias» am 6. Januar je länger desto deutlicher den Kaiserkult und entwickelte sein eigenes Brauchtum. Ein Honigkuchen mit einer eingebackenen Mandel, die den jeweiligen Tageskönig bestimmte, gehörte bald dazu.

Man mag sich darüber wundern, dass sich die Vorstellung, es gäbe Menschen, die zugleich Gott sind, bis in die heutige Zeit aufrechterhalten konnte. Insbesondere die mystischen Strömungen, die es in allen Weltreligionen gibt, messen dieser Sehnsucht, als Mensch eins mit Gott zu werden, eine grosse Bedeutung zu. Denn Gott, gedacht als das konsequent Gute und Heilbringende, im eigenen Herzen zu tragen, ist durchaus eine attraktive Vorstellung. Im Herzen vollkommen, froh und gut zu sein, steht für viele Menschen – ganz unabhängig von irgendwelchen religiösen Traditionen – wie ein Leitstern am Horizont ihres Lebens. Christus gleich zu werden, ist ihre Lebenssehnsucht.

Die religiöse Entwicklung eines Kindes gestaltet sich nach einer ersten Phase des Wurzeln Bildens ungefähr ab dem Primarschulalter umso reichhaltiger, je mehr es mit Extremen konfrontiert wird. Göttliches und Menschliches, Vollkommenes und Beschränktes, Glückseliges und Verletztes, Ewiges und Endliches, Macht und Abhängigkeit zu entdecken, zu vergleichen und in ein eigenes Lebenskonzept zu integrieren, dies fördert die Motivation, dem Stern von Bethlehem zu folgen und gesetzte Ziele trotz Hindernissen nicht aus den Augen zu verlieren.

## Tageskönig, Tageskönigin

**Wer nach dem Genuss des mit dem König versehenen Kuchenstücks für einen Tag eine Krone auf dem Kopf tragen und selbst über seinen Tag bestimmen darf, wird automatisch mit Extremen konfrontiert. Als Bezugspersonen von Tages-Königskindern können Sie einfach auf diese Extreme aufmerksam machen: Je mehr Freiheiten Sie dem Kind als König oder Königin gewähren, desto mehr wird es Wünsche und Grenzlinien in Einklang bringen müssen. Wenn für das Lieblingsmenü beispielsweise die Zutaten gerade fehlen, wenn sich Geschwister nicht herumkommandieren lassen, wenn für eine Wunschunternehmung zu wenig Zeit zur Verfügung steht oder wenn Sie als Bezugspersonen zur Arbeit müssen und dem König, der Königin deshalb nicht alle Wünsche erfüllen können. Je mehr Macht zur Verfügung steht, desto schwieriger ist es, mit Einschränkungen zurechtzukommen. Diese Erfahrung ist wichtig und kann am Dreikönigstag spielerisch mit der Königskuchen-Tradition ermöglicht, je nach Alter der Kinder auch thematisiert werden.**

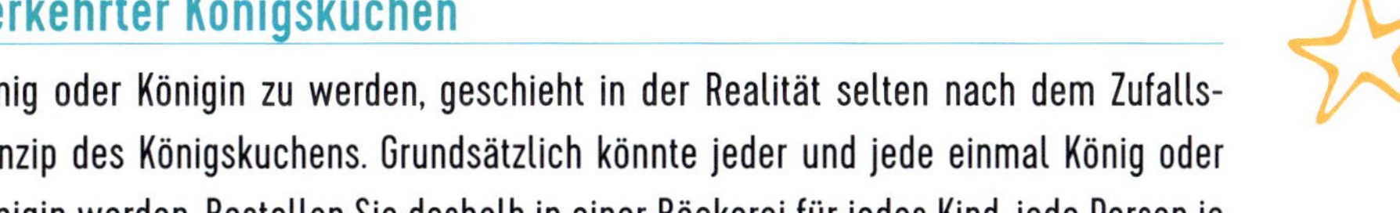

## Verkehrter Königskuchen

König oder Königin zu werden, geschieht in der Realität selten nach dem Zufallsprinzip des Königskuchens. Grundsätzlich könnte jeder und jede einmal König oder Königin werden. Bestellen Sie deshalb in einer Bäckerei für jedes Kind, jede Person je ein einzelnes Königskuchenstück mit König und eine goldene Kartonkrone. Wickeln Sie die Kronen um die Kuchenstücke. Erzählen Sie den Kindern während des Essens die Geschichte der drei Sterndeuter und betonen Sie die Stelle, an der dem Neugeborenen die Geschenke überreicht werden: Echtes Königsein zeichnet sich dadurch aus, dass Mächtige es mit Ohnmächtigen gut meinen. Schicken Sie die gekrönten Kinder in dem Sinne in ihren königlichen Tag und lassen Sie sich am Abend sowohl von den Machterlebnissen wie auch von den guten Taten erzählen.

*Einem Stern folgen, S. 81*

Luisa, 6 Jahre

# Sternsinger-Tradition

Der Weihnacht folgen im Jahrzeitenkalender die sogenannten Raunächte. Sie sind seit den Kelten im deutschsprachigen Raum bezeugt und stellen eine Zeit besonderer Offenheit für «andere Welten» dar. Konkret stellten sich die an die menschliche Wiedergeburt glaubenden Kelten vor, dass in diesen zwölf Nächten zwischen Weihnacht und Dreikönige die winterlich schlafenden Toten und Ahnen aktiv und unruhig den Kontakt zur Welt der Lebenden suchten. Die Raunächte stehen also in engem Zusammenhang mit Halloween und Fasnacht. Zu allen diesen besonderen Tagen und Nächten gehörten sogenannte Heischebräuche, die mancherorts auch im Zusammenhang mit der Armenfürsorge standen: Als tote Geister verkleidete Männer zogen von Tür zu Tür. Betrachtete man in einer Gesellschaft diese toten Geister negativ als dämonisch und leidbringend, erheischten als gruselig verkleidete verarmte Männer unter Bedrohung der Hausbewohnenden wohlschmeckende Gaben, die sie zufriedenstellten und weiterziehen liessen. Betrachtete man die toten Geister positiv als friedlich und segenbringend, erhielten vor allem ärmere Hausbewohnende von den fröhlich bunt verkleideten Türgästen wohlschmeckende Gaben geschenkt. In der Zeit der Christianisierung wurde der positiv gedeutete, segenbringende Heischebrauch und das Gedenken der biblischen Sterndeuter vermischt. Als Sterndeuter verkleidete Männer brachten nun den christlichen Segen zu den Häusern und erheischten zugleich Gaben für die Armenfürsorge.

In dieser Form ist die Sternsinger-Tradition noch heute bekannt. Aufgrund der Verschmelzung der Sterndeuter mit dem römischen Kaiserkult verkleiden sich Kinder oder Erwachsene als die Heiligen Drei Könige und ziehen mit grossen Papp- oder Holzsternen von Tür zu Tür, segnen die

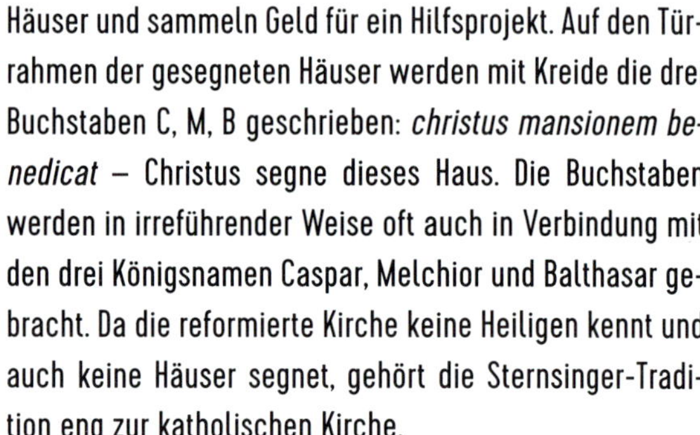

Häuser und sammeln Geld für ein Hilfsprojekt. Auf den Türrahmen der gesegneten Häuser werden mit Kreide die drei Buchstaben C, M, B geschrieben: *christus mansionem benedicat* – Christus segne dieses Haus. Die Buchstaben werden in irreführender Weise oft auch in Verbindung mit den drei Königsnamen Caspar, Melchior und Balthasar gebracht. Da die reformierte Kirche keine Heiligen kennt und auch keine Häuser segnet, gehört die Sternsinger-Tradition eng zur katholischen Kirche.

Kinder erleben beim Besuch der Sternsingerinnen und Sternsinger ein Ritual von Geben und Empfangen eines Segens. In einem kurzen Moment begegnen sich im Türrahmen eines Hauses Segenspendende und Segenempfangende und tauschen im Akt der Türbeschriftung und des Geldgebens gegenseitig die Rollen. Ein teilnehmendes Kind wird in diesem Setting den Segen kaum nur einseitig mit dem Haus als Gegenstand an sich identifizieren oder mit der materiellen Geldnote, die von Hand zu Hand gereicht wird. Die Sternsingerinnen und Sternsinger ermöglichen das Wahrnehmen dieses Segensaustauschs auf der symbolischen Ebene und beleuchten die Menschen, die im Haus wohnen, die Menschen, die das Geld am Ende erhalten und die transzendente Grösse, die dem Segen seine Macht verleiht. Ähnlich wie in der biblischen Legende der Sterndeuter treten das Geschenk der Freude in Form einer charismatischen Ausstrahlung des Neugeborenen und das Geschenk der Fürsorge in Form von Geschenken der Sterndeuter unter dem Stern Gottes in eine enge Verbindung.

Die Kinder sehen, wie Menschen einander helfen und wie sie in ihrem Helfen gleichzeitig angewiesen sind auf Umstände, über die sie nicht selbst verfügen. Dargestellt durch die Segenshandlung.

## Dem Segen den Weg bereiten

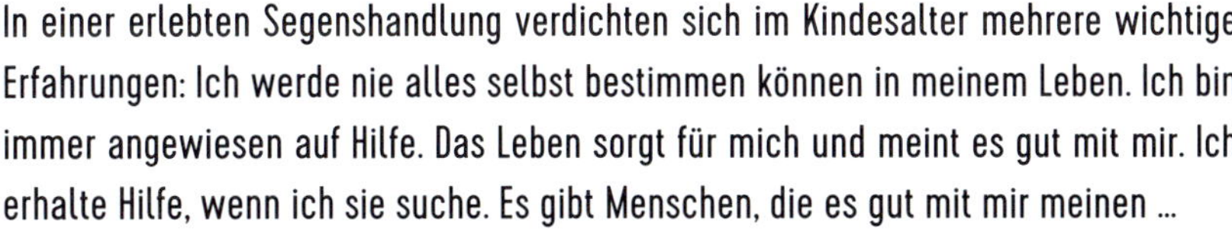

In einer erlebten Segenshandlung verdichten sich im Kindesalter mehrere wichtige Erfahrungen: Ich werde nie alles selbst bestimmen können in meinem Leben. Ich bin immer angewiesen auf Hilfe. Das Leben sorgt für mich und meint es gut mit mir. Ich erhalte Hilfe, wenn ich sie suche. Es gibt Menschen, die es gut mit mir meinen …

Gelegenheiten, einen Segen zu erhalten, gibt es im Alltag nicht wie Sand am Meer. So ist es schön, wenn Sie die Sternsinger-Tradition an Ihrem Ort unterstützen, in Anspruch nehmen oder allenfalls sogar zum Leben erwecken. Welcher Religion oder Konfession Sie angehören, spielt dabei keine Rolle.

*Ein Neugeborenes, S. 65*

« Die Kinder sehen, wie Menschen einander helfen und wie sie in ihrem Helfen gleichzeitig angewiesen sind auf Umstände, über die sie nicht selbst verfügen. Dargestellt durch die Segenshandlung. »

# Literaturverzeichnis

Brockmöller Katrin, Eltrop Bettina, Lumesberger-Loisl Barbara u. a., in: Bibel heute Nr. 216, Weihnachten im Alten Testament. Die Erwartung des Messias. Verheissung und Erfüllung? «Damit sich die Schrift erfüllt ...», Verlag Katholisches Bibelwerk, Stuttgart 2018.

Eltrop Bettina, Wüste Christiane, Straub Jacqueline u. a., in: Bibel heute Nr. 220, Magnificat – Das Lied der Maria. Hanna und Maria. Wovon spricht das Magnificat? Maria 2.0, Verlag Katholisches Bibelwerk, Stuttgart 2019.

Evangelisch-reformierte Landeskirche des Kantons Zürich (Hg.), ERKLÄRT – Der Kommentar zur Zürcher Bibel, Bd. 3, Theologischer Verlag Zürich, Zürich 2010.

Gielen Marlis, Hecht Anneliese, Geburt und Kindheit Jesu, Verlag Katholisches Bibelwerk, Stuttgart 2008.

Halbfas Hubertus, Die Bibel erschlossen und kommentiert von Hubertus Halbfas, Patmos Verlag, Ostfildern 2001.

Halbfas Hubertus, Religiöse Sprachlehre. Theorie und Praxis, Patmos Verlag, Ostfildern 2012.

Hüther Gerald, Stern André, Was schenken wir unseren Kindern? Eine Entscheidungshilfe, Penguin Verlag, München [2]2019.

Landgraf Michael, Kinderbibel damals – heute – morgen. Zeitreise, Orientierungshilfen und Kreativimpulse, edition fiducia 2009.

Langenhorst Georg, Landthaler Bruno E., Nauerth Thomas u. a., in: Bibel und Kirche 1/18, Kinderbibel – Kindertora – Kinderkoran, Verlag Katholisches Bibelwerk, Stuttgart 2018.

Mubi-Seghezzi Uschi, Gott, wir sind da! Ein neues Gestaltungsritual für Kinderfeiern mit Modellen, rex verlag luzern, Kriens 1995.

Oberthür Rainer, Das Buch der Symbole. Auf Entdeckungsreise durch die Welt der Religion, Kösel, München [4]2014.

Riemerschmidt Ulrich, Weihnachten. Kult und Brauch – einst und jetzt, Marion von Schröder Verlag 1962.

Schmidt Werner H., Alttestamentlicher Glaube, Neukirchener Verlag, Neukirchen-Vluyn [8]1996.

Schneider-Stotzer Franziska, Von Advent, Weihnachten und Dreikönigsfest. Winter, Feste und Bräuche im Jahreskreis, rex verlag luzern, Kriens 2005.

Schreiber Stefan, Das göttliche Kind – ein politisches Kind, in: Welt und Umwelt der Bibel 4/2010, Verlag Katholisches Bibelwerk, Stuttgart 2010.

Seghezzi Ursula, Macht Geschichte Sinn. Was uns mitteleuropäische Mythen, Sagen und Bräuche über unsere Zukunft erzählen, van Eck Verlag, Triesen [3]2011.

Stegelmeier Nadine, Rauhnächte. Die schönsten Rituale, camino 2018.

Steinwede Dietrich, Ryssel Ingrid (Hg.), Weihnachten spielen und erleben. Kinder begleiten in Schule, Gemeinde, Familie, Gütersloher Verlagshaus, Gütersloh [2]1997.

Szagun Anna-Katharina, Glaubenswege begleiten – Neue Praxis religiösen Lernens, Lutherisches Verlagshaus, Hannover 2013.

Theis Joachim, Jesus kommt zur Welt, in: Niehl Franz W., Oberthür Rainer, Theis Joachim u.a. (Hg.), Meine Schulbibel. Leben lernen mit der Bibel. Textkommentar, Verlag Kösel, München [2]2014.

Weiser Alfons, Theologie des Neuen Testaments II. Die Theologie der Evangelien, Studienbücher Theologie Bd. 8, Verlag W. Kohlhammer, Stuttgart 1993.

Stella, 11 Jahre

# Alle Praxisanregungen auf einen Blick